赞德论证模式研究

A Study of Zande Argumentative Patterns

陈彦瑾 ／ 著

人民出版社

责任编辑：王若曦

图书在版编目（CIP）数据

赞德论证模式研究 / 陈彦瑾著 . -- 北京 ：人民出
版社，2025. 6. -- ISBN 978－7－01－027327－3

Ⅰ. B994.6

中国国家版本馆 CIP 数据核字第 202589HV17 号

赞德论证模式研究

ZANDE LUNZHENG MOSHI YANJIU

陈彦瑾　著

人 民 出 版 社 出版发行
（100706　北京市东城区隆福寺街 99 号）

北京建宏印刷有限公司印刷　新华书店经销

2025 年 6 月第 1 版　2025 年 6 月北京第 1 次印刷
开本：710 毫米×1000 毫米 1/16　印张：8.25
字数：144 千字

ISBN 978－7－01－027327－3　定价：42.00 元

邮购地址 100706　北京市东城区隆福寺街 99 号
人民东方图书销售中心　电话 （010)65250042　65289539

国家社科基金后期资助项目
出版说明

后期资助项目是国家社科基金设立的一类重要项目，旨在鼓励广大社科研究者潜心治学，支持基础研究多出优秀成果。它是经过严格评审，从接近完成的科研成果中遴选立项的。为扩大后期资助项目的影响，更好地推动学术发展，促进成果转化，全国哲学社会科学工作办公室按照"统一设计、统一标识、统一版式、形成系列"的总体要求，组织出版国家社科基金后期资助项目成果。

全国哲学社会科学工作办公室

序

2007—2013 年，陈彦瑾在我的指导下，先后攻读了中山大学逻辑学专业的硕士和博士学位，并于 2013 年完成博士论文《论阿赞德人的神谕论证》。2019 年，她获得国家社会科学基金后期项目资助，将博士论文修正、扩充成为专著，最终易名为《赞德论证模式研究》。这本书着重刻画了作为过程的赞德说理活动，并从说理过程中提取出赞德文化特有的神谕论证模式，进而展示逻辑的文化多样性。我作序的目的是：说明本书的研究背景和选题缘由，帮助读者从学术发展的角度把握全书的框架和核心内容。不仅如此，本书是少有的从主位立场出发探讨他文化逻辑现象的有创见的作品，其写作方法和分析思路对他文化理解和跨文化交流领域的研究工作具有借鉴作用。

作者与本书相关的研究，起源于学界关于逻辑的文化相对性的争议。2010 年，即她读博的第二年，我发表了《论逻辑的文化相对性——从民族志和历史学的观点看》一文，指出不同的文化享有不同的逻辑，而不同的逻辑在其所属的文化中具有合理性。文中讨论的焦点在于：逻辑的合理性是绝对的还是文化相对的。而对一份来自人类学田野报告的解释，在争论中扮演了类似科学研究中判决性实验的角色。1937 年，人类学家埃文思-普理查德考察了非洲阿赞德人基于当地信仰系统的说理活动，结果发现：从主流文化的角度看，阿赞德人的说理活动包含矛盾。于是，在主流学界关于文化相对主义的讨论中，便形成了经久不衰的赞德逻辑问题，即"阿赞德人是否享有不同的逻辑"以及"赞德逻辑在赞德部落的文化中是否具有合理性"。为了解决该问题，我在上述文章中从广义论证的观点出发，从语句层面探讨了逻辑合理性问题，提出：我们无法证明任何一种逻辑具有普遍的合理性；如果一种逻辑被某文化群体所接受，那么它就在这一文化内具有局部合理性；而赞德逻辑恰恰具有这种局部合理性。由此，赞德逻辑便成为支持逻辑局部合理性的经验证据。

从上述立场出发，作者进一步分析了主流分析学界研究赞德逻辑问题的历史，认为一个显著特征是：根据主流传统逻辑及其在现代的发展，在语句层面上整理、解释或重构赞德逻辑。这种基于主流文化合理性框架的外部化分析看似更为精致，但往往容易陷于穿凿附会的困境。事实上，如作者在书中所述：一方面，虽然西方巫术研究和实践推理研究的方法有助于研究者理解阿赞德人的思维和实践推理方式，但是并不足以兼顾揭示论证模式

（或逻辑形式）与考察社会文化因素的双重目标；另一方面，虽然主流论证理论能够将主体、社会和语境因素纳入论证过程的特征表达，且通过使用功能分析方法，在一定程度上突破了结构模型的限制，但因其具有较强的模型依赖性和主流文化依赖性，所以并不适用于赞德逻辑分析。由此，进一步的问题是：如何探寻新的研究途径，以克服主流方法的不足。

2020 年，我发表《广义论证理论与方法》一文，发展了先前的观点，提出所谓"广义论证"就是：隶属一个或多个文化群体的主体，在一定社会文化情景下，为了劝使其他成员对某事或某观点采取某种态度，依据所属社会文化群体规范开展语篇行动，由此而生成语篇行动序列。在本书作者看来，这意味着广义论证研究的数据基础既不局限于抽象的命题或句子层面上的言语行为，也不局限于具有话轮式语言交际形式的对话型文本。就研究阿赞德人的说理活动而言，即能否在超越命题或言语行为等抽象概念之外，开展一种以"语篇行动"为最小分析单位的论证实践研究。此时，作者的关注点不再是合理性争论，而是如何从社会行动的角度揭示赞德逻辑的内在结构。这确实是一个挑战。事实上，在我掌握的数据范围内，在论证学界尚未有人尝试从这一路径入手研究赞德逻辑问题。

眼前这本书，就是作者为应对这一方法论层面的挑战所作努力的结晶。本书在广义论证理论的基础上，采取了一种数据驱动型研究。这是一种不依赖于任何先在模型的描述性研究，且并不采用现代西方社会的普遍合理性标准。根据目标、语境和社会规范，本书着重描述了具有说理功能的赞德行为步骤。其本质是"自下而上地挖掘自然发生的语篇行动序列，而不是自上而下地证实符合标准模型的类型化言语行为"。通过改进现有论证性语篇的识别方法，本书恰如其分地解决了理论驱动型论证性语篇分析的结构依赖（或模型依赖）难题，并最终指出基于论证者目标的六类赞德神谕论证模式及其生效性条件。这项研究的主要意义在于：通过刻画一种主流之外的社会文化群体的论证实践，揭示具有文化敏感性和语境敏感性的论证模式，从而建立更完整的文化视野、践行逻辑学研究的新途径，扩展并完善广义逻辑学和论证理论的研究谱系。

十年磨一剑。这本著作的撰写和出版的过程，历经了广义论证理论的发展之路。希望作者彦瑾始终保有学术创新的志向和勇气，继续拓展已有的研究成果，实现自己的学术理想。

鞠实儿

2024 年 12 月于广州

目　录

绪　论

　　阿赞德人(单数形式是"赞德人"①)是一个居住在尼罗-刚果分水岭地区的非洲民族。该民族由多个部落融合而成,拥有独特的语言体系和政治制度。根据民族志记载:如果从主流文化的角度看,阿赞德人的实践活动及信念系统是包含"矛盾"(contradiction)的。② 自 20 世纪 30 年代以来,这个由人类学家提出的经典问题引发了逻辑学、哲学领域激烈且持久的关注和争论。其中,赞德逻辑研究的争论焦点主要集中在:(1)阿赞德人是否使用了不同于主流逻辑的另一种类型的逻辑? (2)赞德逻辑是不是一种合理的(rational)逻辑?

　　虽然近 80 年来的赞德逻辑研究取得了显著的进展,但是仍然面临一个共同的问题。主要原因是仅从有限的四页民族志文献出发,而不是将阿赞德人的日常交际和论证事实作为研究起点,所以看似只能以某种西方逻辑的框架对赞德逻辑进行穿凿附会的描述与分析。为了摆脱这种"据西释阿"的困境,绪论着重考察了巫术研究和实践推理研究的方法,旨在探索一种既能揭示赞德论证模式或逻辑形式,又能考虑其社会文化因素的新路径。

一、问题的提出

　　1937 年,埃文思-普理查德(Evans-Pritchard)在其民族志《阿赞德人的巫术、神谕和魔法》中首先提出赞德逻辑中的矛盾问题。这不仅为后继研究者呈现了一个典型的非西方案例,而且树立了颇具讨论价值的问题靶子,即阿赞德人承认矛盾的存在,但持有一种视而不见的态度。他认为阿赞德人确实犯了逻辑错误,但直接忽视了他们所相信的蕴涵(implicature)意义。③

　　一方面,阿赞德人有关巫术物质与巫师的信念可以表示如下:

　　1.所有的巫师(且只有巫师)具有巫术物质;

---

① 本书使用的术语"阿赞德人"译自"Azande","赞德人"译自"Zande"。

② E. E. Evans-Pritchard, *Witchcraft, Oracles and Magic among the Azande*, Oxford: Clarendon Press, 1937, pp. 13-15.

③ E. E. Evans-Pritchard, *Witchcraft, Oracles and Magic among the Azande*, Oxford: Clarendon Press, 1937, pp. 23-26.

2.巫术物质总是同性遗传;

3.赞德氏族是通过男性血缘关系组成的人群;

4.某氏族 C 中的某位男性成员 A 是巫师。

从条件 1—4 出发,即可得到:

5.如果氏族 C 中的某位男性成员 A 具有巫术物质,那么氏族 C 中的每位男性成员都是巫师。

但是,阿赞德人却不接受命题 5,他们认为:

5′. 如果氏族 C 中的某位男性成员 A 具有巫术物质,那么只有 A 的父系男性近亲才是巫师。

根据形式逻辑的规则,以步骤 4 为前提,从步骤 5 和 5′ 可以分别得到"氏族 C 中的每位男性成员都是巫师"和"只有 A 的父系男性近亲才是巫师",且这两个命题是相互矛盾的。所以,埃文思-普理查德认为赞德逻辑存在矛盾。

二、西方视角下的赞德逻辑研究

(一) 赞德逻辑的合理性讨论

20 世纪 60—70 年代,研究者们开始将关注点转移到有关赞德逻辑合理性的讨论上。在与西方逻辑进行比较时,虽然哲学家们的观点有所分殊,但都一致认为赞德逻辑还是有其自身合理性的。他们主张阿赞德人有其特定的思想体系,赞德逻辑本身也是没有矛盾的。某些西方人之所以认为赞德逻辑存在矛盾,无非是因为他们误解了阿赞德人的信念。例如,温奇(P. Winch)认为,虽然阿赞德人具有巫术概念,但是他们既不打算构成某种理论体系,也不会通过某种体系来获得对世界的准科学理解。所以,埃文思-普理查德不应采用一种外在于阿赞德人的话语体系,并轻易推出"他们的逻辑是有矛盾的"。相反,如果从"理解原始社会"的角度出发,就会发现赞德逻辑同样具有合理性。① 相似地,泰勒(C. Taylor)提出,"一旦进入现代文明,具备所谓的科学知识,我们就会理所当然地认为原始人(如阿赞德人)的巫术是错误的",进而推出"不同文化之间的合理性至少存在优劣之别"。② 与西方文明相比,他认为阿赞德人持有一种错误而劣等的信念。

基于阿赞德人对巫师身份的认定情况,科学知识社会学(Sociology of

① P. Winch, "Understanding a Primitive Society", *American Philosophical Quarterly*, Vol. I, No. 4 (1964), p. 315.

② C. Taylor, "Rationality", in *Rationality and Relativism*, Hollis & Lukes (eds.), Cambridge: MIT Press, 1982, pp. 101-104.

Scientific Knowledge,以下简称为"SSK")中的爱丁堡学派主张"必定不只存在一种逻辑",且赞德逻辑是一种有别于西方逻辑的特殊逻辑。① 首先,该学派的代表人物布鲁尔(D. Bloor)和拉图尔(B. Latour)虚构了一个被派往英国的赞德人类学家。其次,设想这个赞德人类学家会注意到这么一种矛盾:(1)英国社会存在禁止杀人的严格法律,违者即被认定为触犯了"故意杀人罪";(2)英国社会又存在战斗机飞行员向敌方投掷炸弹的惯例,但这些飞行员的杀戮行为却被认定为职务杀人,因而英国人并不会把他们看作杀人犯。这位赞德人类学家就有理由认为,英国人在关于"故意杀人罪"的认定问题上存在明显的矛盾,但他们对此却不以为意。英国人会认为这位赞德人类学家的理解有误,因为他误解了英国人对故意杀人罪的界定。一旦他理解这一罪名并不包括战争情形,就不会认为上述两种信念相互矛盾。所以,这两种信念也都是合理的。概而言之,布鲁尔和拉图尔的观点是:与之同理,当我们把氏族遗传的情况排除在巫术遗传的问题之外时,阿赞德人的信念也就不存在矛盾了。②

SSK 的另一个代表人物巴恩斯(B. Barnes)主要从四个方面为阿赞德人信念的合理性作出辩护。③ 第一,从经验的角度看,阿赞德人所使用的特有语言不仅是可理解的,而且该语言中的神谕信念也是"与经验相一致的"。第二,从归纳的角度看,阿赞德人的信念是合理的。因为未受干扰的神谕在过去是合理的,所以在未来也是合理的。第三,从演绎的角度看,阿赞德人的信念是合理的。因为以诸种解释为前提,即可"演绎"得出神谕的结果。第四,从效力的角度看,阿赞德人不仅能够证明他们的神谕是合理的,而且在其思维框架下,"神谕的确发挥了作用"。

与埃文思-普理查德相比,20 世纪 60、70 年代的研究显示了更深刻的批判精神与更思辨的哲学论证。一方面,这些研究对赞德逻辑的合理性予以更高的认同;另一方面,所实施的合理性辩护均来自于埃文思-普理查德提供的核心事实和知识信条,但并不关注赞德社会中自然发生的具体实践活动。例如,为了阐明赞德逻辑是一种异于西方逻辑的特殊逻辑,布鲁尔和拉图尔讨论的是一个具有思想实验性质的虚构故事(而不是分析真实的事件案例),进而类比地推出阿赞德人的信念也具有相似的无矛盾性质。

---

① D. Bloor, *Knowledge and Social Imagery*, London: The University of Chicago Press, 1991, pp. 139, 141, 145.

② B. Latour, *Science in Action*, Cambridge, MA: Harvard University Press, 1987, p. 188.

③ B. Barnes, *Scientific Knowledge and Sociological Theory*, London: Routledge, 1980, pp. 28-32.

（二）赞德逻辑的形式刻画

20 世纪 80 年代末以来，形式逻辑把赞德逻辑研究引向了一条更为精致的道路。这一阶段的工作假定赞德逻辑的合理性是毋庸置疑的，进而直接采用技术手段对其加以刻画。例如，库伯（D. Cooper）主张用三值逻辑来消除赞德推理中存在的不一致情况。因为"同一氏族中的每位男性成员都是巫师"在原则上是不可测的，所以在真值上是不确定的。除了确定的真、假值之外，他还引入不确定的第三值，以期消解经典逻辑视角下的逻辑矛盾。① 特里普利特（T. Tripplett）认为，"所有的巫师（且只有巫师）具有巫术物质"这一前提显得过强。因为巫术物质有时是"冷"的（即处于无效状态），所以主张采用一个较弱的前提替代前者，即仅以"所有巫师都具有巫术物质"作为前提。这样一来，也就无法推出"氏族 C 中的每位男性成员都是巫师"。从这个意义上看，赞德逻辑不仅是无矛盾的，而且它和西方逻辑也没有什么区别。②

与那些为矛盾问题深感焦虑的研究者不同，凯塔（L. Keita）并不否认赞德逻辑中存在矛盾，而且认为西方逻辑本身也大量存在这种情况。原因在于，"无论是在禁忌方式、文化信念，还是在惯例形式上，人类旨趣的某些方面并不会总被传统逻辑所渗透"。③ 相似地，柯斯塔（N. C. A. Da Costa）和弗兰切（S. French）也认为不一定要消除赞德推理中的矛盾。在他们看来，虽然阿赞德人的推理存在矛盾，但其信念系统并没有因此而陷于平凡，所以主张用次协调逻辑来刻画赞德推理。④

总的来说，20 世纪 80 年代以来的赞德逻辑研究在刻画逻辑形式上取得了突出的进展。但问题在于，这些研究所刻画的对象是不是准确无误呢？与 60、70 年代的情况相似，这一时期的研究也依赖于埃文思-普理查德给出的核心事实和知识信条。如果这部分文献本身就包含类似针对上述故意杀人罪的理解偏差，又如何确保以此为基础的形式刻画是恰当的？ 导致这一问题的关键原因是：它们都仅从极为有限的四页文献出发，而未将阿赞德人的日常交际与论证事实作为研究起点。然而，这四页文献所彰显出来的矛

① D. E. Cooper, "Alternative Logic in 'Primitive Thought'", *Man*, Vol. 10, No. 2 (1975), pp. 238–256.

② T. Triplett, "Azande Logic Versus Western Logic?", *The British Journal for the Philosophy of Science*, Vol. 39, No. 3 (1988), pp. 361–366.

③ L. Keita, "Jennings and Zande Logic: A Note", *The British Journal for the Philosophy of Science*, Vol. 44, No. 1 (1993), pp. 151–156.

④ N. C. A. Da Costa, O. Bueno & S. French, "Is there a Zande Logic?", *History and Philosophy of Logic*, Vol. 19, No. 1 (1998), pp. 41–54.

盾问题,本身就难以否认它有可能是人类学家针对阿赞德人的信念"碎片"
而采取的一种西方式拼接的结果。因此,形式逻辑的进路似乎并不能克服
断章取义的弊端,也难以回避西方视角的局限。①

这些刻画阿赞德人逻辑形式的研究②预设了两种立场:其一,逻辑就是
西方逻辑;其二,西方逻辑描述了一种普遍真理,赞德逻辑只是它的一种特
殊形式。这意味着,"赞德逻辑形式"并不是建立在阿赞德人认知基础之上
的。最终,采取"据西释阿"范式的研究一定会根据某种西方逻辑的概念框
架,对赞德逻辑进行重构与分析。从方法论的角度看,为避免陷入这一研究
困境,就需要采取一种既能揭示赞德论证模式(或逻辑形式),又能考虑其
社会文化因素的新路径。

(三)　巫术研究

矛盾问题所关注的焦点在于,赞德逻辑是否表明某个巫师所在氏族的
男性成员也都是巫师。从理解阿赞德人认知体系的角度出发,需要首先厘
清的是:赞德部落的巫术具有哪些特征?阿赞德人对"巫术物质的遗传性"
所持有的信念又是基于何种意义而言的?因此,本书认为探讨一种能够阐
明赞德巫术涵义的方法,将有助于揭示约束其信念(或知识)体系的社会文
化因素。以下将简要梳理西方巫术研究的主要路径。

19世纪末,泰勒便在人类学领域开启了巫术问题的研究之路。他提出
巫术源于人类的一种错误联想:早在低级的智力状态下,人类就学会把与现
实相联系的事物结合到自身的思想中。后来,由于人类对这些联系产生曲
解,才有了幻想意义上的巫术。③ 弗雷泽(J. G. Frazer)将巫术视为一种与
超自然力量有关的现象(另一种典型现象是宗教),且认为巫术往往试图操
纵已知的自然法则。他将巫术划分为模仿巫术和接触巫术:前者以类似为
依据,把相似之物视为同一事物;后者以临近为依据,将已接触之状视为永
不分离之态。④

法国年鉴学派把巫术看作一种社会现象,代表人物包括涂尔干(E.
Durkheim)和莫斯(M. Mauss)。较之于宗教,涂尔干认为"只有顾客"参与

---

① 当埃文思-普理查德将两种看似"矛盾"的信念并置时,这本身就引入了他的一种西方视
　角。因为在阿赞德人看来,这二者并不是值得相提并论的。
② 鞠实儿、何杨:《基于广义论证的中国古代逻辑研究——以春秋赋诗论证为例》,《哲学研
　究》2014年第1期。
③ [英]爱德华·泰勒:《原始文化:神话、哲学、宗教、语言、艺术和习俗发展之研究》,连树声
　译,上海文艺出版社1992年版,第121页。
④ [英]詹姆斯·弗雷泽:《金枝:巫术与宗教之研究》,徐育新、汪培基、张泽石译,大众文艺
　出版社1998年版,第6—7、18—21页。

的巫术并不具备处理集体事务的特征①,莫斯则关注巫术仪式中与鬼怪相联系的特征(而不是制造靠训诫支撑的理想),认为人类常常会因此而产生一些粗鄙且普遍的巫术观念(而无关乎圣赞、誓言和牺牲)。巫术仪式被看作"跟任何有组织的教派无关",是私人的、隐秘的、神秘的,与受禁仪式相近的仪式。② 然而,另一些人类学家并不赞同采取"巫术—宗教"二分的方法。例如,马雷特(R. R. Marett)和范热内普(A. van Gennep)就认为,巫术和宗教在对超自然力量的信仰和其他多个方面都是一致的(或存在重合之处),因而主张将其统称为"巫术—宗教活动"。③

以上的巫术研究都具有一个共同特征,即以猎奇态度搜集并记录各种特异性的他文化现象。但事实上,这一阶段的人类学家极少离开研究室,更不必说与土著长时间地生活在一起,因而更像是"扶手椅上的研究者"。他们秉持的共同立场是:与西方文明的发展之路相同,所有文化都会依次经历"巫术—宗教—科学"的进化历程,巫术只不过是土著群体在其思想"幼年"阶段的一种不成熟的产物。④ 按照进化的规律,这些异族巫术终究也会经历较为成熟的宗教时期,并最终实现西方现代意义上的科学形态。非西方社会只是西方文明的一个个迟滞的范例,它们之间并不存在本质的区别。

直至20世纪初,人类学领域才有了真正意义上的田野调查。功能学派⑤的代表人物马林诺夫斯基(B. Malinowski)从个体心理和社会价值两个方面解释巫术:于个体而言,巫术能够促进人格的完整;于社会而言,巫术体现了组织的力量。⑥ 功能学派的另一个代表人物布朗(R. Brown)则在社会和制度层面上解释巫术对社会整体的作用。他认为巫术仪式的功能在于通过反复灌输那些任务的重大性与不可推卸性,使之内化为人们笃信的

---

① [法]爱弥尔·涂尔干:《宗教生活的基本形式》,渠东、汲喆译,上海人民出版社2006年版,第1—24页。

② [法]马塞尔·莫斯:《巫术的一般理论》,杨渝东、梁永佳、赵丙祥译,广西师范大学出版社2007年版,第30—33页。

③ [英]菲奥纳·鲍伊:《宗教人类学导论》,金泽、何其敏译,中国人民大学出版社2004年版,第185—190页。

④ 翁乃群:《埃文思-普理查德的学术轨迹(代译序)》,载[英]E. E. 埃文思-普理查德著:《阿赞德人的巫术、神谕和魔法》,商务印书馆2010年版,第6页。

⑤ 功能学派认为,任何一种文化现象,不论是抽象的社会现象,如社会制度、思想意识、风俗习惯等,还是具体的物质现象,如手杖、工具、器皿等,都有满足人类实际生活需要的作用,即都有一定的功能。它们中的每一个与其他现象都互相关联、互相作用,都是整体中不可分的一部分。

⑥ [英]马林诺夫斯基:《巫术科学宗教与神话》,李安宅译,上海文艺出版社1987年版,第82—91页。

价值、情感或态度,进而实现维系某种社会结构的作用。① 因此,巫术的功能不仅在于满足某种个体需要,而且关涉到社会结构与社会制度的形成与维系。

与早期的巫术研究相比,功能学派的文献不仅更加具体翔实,而且在研究范式上也显得更加系统、深入。从叙述的角度看,这些著述也表现出研究者对非西方群体的巫术现象寄予了更多的参与和理解,而不仅仅包含着旁观者式的好奇与想象。其实,早在1937年的著作《阿赞德人的巫术、神谕与魔法》中,埃文思-普理查德就应用了这种"结构—功能"框架对赞德巫术予以描述。② 据其记载,阿赞德人不仅广泛地采用巫术解释种种不幸事件,而且会以神谕和魔法来对抗巫术,进而回避或消除巫术伤害。③ 巫术解释的频繁使用和神谕、魔法的双重对抗,共同反映了赞德部落中人际纠纷的产生与消解情况。

20世纪60年代以来,巫术研究的关注点又从巫术的功能转移到涵义上。这一阶段的代表性人物主要有斯特劳斯(C. Levi-Strauss)、特纳(V. Turner)、沃格特(E. Vogt)和道格拉斯(M. Douglas)。例如,斯特劳斯就拒斥了对社会进行"原始—文明"二分④的假设,认为巫术与科学之间并不存在本质区别,应该将其视为获取知识的两种平行方式。⑤ 他在《结构人类学》中指出:

> "应该将巫术行动看成是对下述情景的反应……然而其深层本质则是理性的。因为唯有象征功能的历史才能使我们理解人的理智状况,人如同宇宙一样,其意义永远难以穷尽,而思想对它能涉及的一定量的客体来说,它的涵义总是过多。处于这两种参照系之间——能指系统和所指系统——的人无所适从,便要求巫术思维为他提供一种新

---

① 翁乃群:《埃文思-普理查德的学术轨迹(代译序)》,载[英]E. E. 埃文思-普理查德著:《阿赞德人的巫术、神谕和魔法》,商务印书馆2010年版,第6—7页。
② 翁乃群:《埃文思-普理查德的学术轨迹(代译序)》,载[英]E. E. 埃文思-普理查德著:《阿赞德人的巫术、神谕和魔法》,商务印书馆2010年版,第6—7页。
③ E. E. Evans-Pritchard, *Witchcraft, Oracles and Magic among the Azande*, Oxford: Clarendon Press, 1937, pp. 74-78, 84-98, 387.
④ 在《原始思维》中,列维·布留尔(Levy-Bruhl)提出了对社会进行"原始社会—文明社会"二分的观点。他认为,这两种社会分别存在原始思维与文明思维。原始思维的一个重要特征即是通常以神秘力量(神灵、死人的灵魂、巫术影响,等等)来解释生活中的异常之事。但是,斯特劳斯并不同意他的这些看法。
⑤ [法]列维-斯特劳斯:《野性的思维》,李幼蒸译,商务印书馆1997年版,第18—19页。

的参照系;在这一系统中迄今为止互相矛盾的成分将能融为一体。"①

同时,通过分析语言、巫歌、用具和情绪等,斯特劳斯还探讨了解释巫术涵义的方法。他主张先根据众多实例归纳出几种简单的结构类型,再根据有限的结构类型来确定巫术的象征与意义。②

纵观西方巫术研究的发展脉络,笔者无意在评价层面上对赞德逻辑作出任何预设,而倾向于采取文明平等③的原则,力图尽可能全面地阐释赞德巫术的功能和意义。本书认为可以从两个方面扩展性地使用田野调查数据:一方面,借助功能学派的"结构—功能"范式,将赞德部落的"社会结构"与"说理功能"相联系,通过考察赞德社会结构来确定与之对应的某种说理功能;另一方面,参考斯特劳斯等人类学家解释巫术涵义的方法,挖掘赞德语言、巫歌、巫术仪式等具体的实践活动,尝试从更充分的实例数据中归纳出若干种结构类型,进而根据相应的类型来确定赞德巫术的象征意义。

(四) 实践推理研究

除巫术涵义的影响因素之外,探讨赞德逻辑的关键还在于澄清推理问题。从主体自觉性(consciousness)的角度看,推理可以分为完全有意识的推理、部分无意识的推理和完全无意识的推理。"完全有意识的推理"指的是,主体在推理过程中能够完全意识到自己正在推理;而"部分(或完全)无意识的推理"指的是,主体在实际的推理过程中部分地(或完全地)以一种无意识的方式进行推理。④ 从结论构成的角度看,推理又可以分为理论推理和实践推理。理论推理所蕴涵的结论是某种信念,而实践推理的结论则包括以下三种情况:结论是关于行动理由的某种信念,或者结论是某种意图/偏好,或者结论就是某种行动。⑤ 质而言之,理论推理得到的是不同于前提的另一种信念,而实践推理能够产生新的动机和行动。⑥

对于远离现代文明的非洲部落而言,需要关注的是阿赞德人采用的

---

① [法]克劳德·列维-斯特劳斯:《结构人类学》,陆晓禾、黄锡光等译,文化艺术出版社1989年版,第19页。

② [法]克劳德·列维-斯特劳斯:《结构人类学》,陆晓禾、黄锡光等译,文化艺术出版社1989年版,第40—41页。

③ 鞠实儿:《逻辑学的问题与未来》,《中国社会科学》2006年第6期。

④ 虽然主体实际上作出了推理,但他却只能部分地意识到(甚至完全意识不到)自己作了推理。

⑤ B. Streumer, "Practical Reasoning", in *The Blackwell Companion to the Philosophy of Action*, T. O'Connor & C. Sandis (eds.), Hoboken & Oxford: Wiley-Blackwell, 2010, pp. 244-251.

⑥ 参见斯坦福哲学百科全书"practical reason"词条, http://plato. stanford. edu/entries/practical-reason/。

"无意识的实践推理"。原因在于,阿赞德人既未形成任何有意识的推理,也不具备抽象意义的形式思维与理论推理。从这个意义上看,探讨无意识的实践推理可以有效扩充赞德逻辑的研究文献。总体而言,西方实践推理研究主要使用了两种策略:第一种策略主要考察实践推理依赖的原则是什么,探讨实践推理是否必须依赖于逻辑有效性或决策论等原则,①另一种策略则采用非经典逻辑的方法表征主体的信念、偏好和意图,等等。②

与形式逻辑进路下的赞德逻辑研究相似,西方实践推理研究也面临这样的难题:能够较好地处理西方语境下的推理规则与逻辑形式,但是难以处理非西方社会中相关的推理问题。如果采取西方实践推理的方法来研究赞德逻辑,那么极有可能再次陷入"据西释阿"的困境。因而,接下来需要处理的问题就在于,应当如何考察非西方社会的实践推理? 当主体以一种无意识的方式进行推理时,又应如何讨论他们的推理行动? 对此,当代人类学家似乎提供了一种颇有价值的研究范式。

相关的人类学研究关注的是实践推理中的第一和第三种情况。研究焦点集中在两个方面:其一,讨论非西方社会群体执行某种行动的理由是什么;其二,描述非西方群体异于西方群体的某些行动有何表现。③ 这些研究主要是采取常人方法学(Ethnomethodology)的进路展开的。在研究程序上,这类文献往往先从行动者的角度出发,细致描述其社会生活的实际情况,进而分析该群体的日常行动。最后,考察这些行动如何激发或限制行动者的思想。该进路强调行动的现场性、动态性,以及行动者在此过程中所彰显的思想视野。

区别于传统社会学关注宏观的社会结构,常人方法学研究的核心在于解释社会成员在日常生活中,为创造和维持可理解的、有序的社会现实而实际采取的方法、程序等微观实践。④ 这一研究方法强调行动者在具体语境中实际"做"了什么,且认为社会秩序既不是预先存在的,也不是由外部结构强加或仅靠共享规范维持的,而是社会成员在具体语境中,通过实施互动

---

① C. Wright, "Practical Reasoning", in *Reason and Nature: Essays in the Theory of Rationality*, J. L. BermÚDez & A. Millar (eds.), Oxford: Oxford University Press, 2002, pp. 85-112 .

② A. S. Rao & M. P. Georgeff, "A Model-Theoretic Approach to the Verification of Situated Reasoning System", in *Proceedings of the Thirteenth International Joint Conference on Artificial Intelligence-Volume 1 (IJCAI-93)*, Chambery: Morgan Kaufmann Publishers Inc., 1993, pp. 318-324.

③ 例如,以非西方社会中的家庭关系(如亲属关系和婚姻关系)作为研究对象,人类学家进而解释该群体的成员为何会执行某种具有特质性的行动。

④ H. Garfinkel, *Studies in Ethnomethodology*, Malden, MA: Polity Press/Paradigm Publishers, 1984 (Original work published 1967), pp. 1-4.

实践,不断创造、协商并维护而形成的。① 通过引入核心概念"索引性"（Indexicality），常人方法学还表明：日常语言和行动的意义高度依赖于具体语境,含上下文、说话者/听话者、时间、地点。例如,即便是一句简单的话语（如"你好吗?"）或一个行为（如排队或打招呼）的意义,都无法脱离其发生的具体语境。通过解读、回应、确认或修正彼此共享的实践性知识,社会成员共同构建并理解这种索引性表达。②

常人方法学的研究焦点是内生的过程本身,即社会成员如何在具体互动中,通过可观察的、细节化的实践,来实时地、权宜性地产生秩序、意义、规则和理性。③ 这一方法拒绝用互动之外的因素（如心理状态、社会结构变量、文化价值观）作为首要解释,而是聚焦于互动内部的实现过程。值得注意的是,"内生性"意味着规则并非等待社会成员去"遵守"或"内化"任何先在的指令。相反,规则的意义、适用性及其约束力,都是在社会成员处理具体语境的互动中,通过"使用"、"解释"、"援引"、"协商"、甚至"悬置"或"违背",才最终得以表征和实现的。因而,规则本身就是互动实践的内生产物。例如,当孩子违反某些隐含规则时,作为家长的其他家庭成员并不是简单地援引规则（如"家人不该这样说话"）,而是通过困惑、质疑、尝试解释等具体实践,来试图恢复"正常"情形。这个过程本身就定义了在此语境下,何种实践才能视为"正常的"或"符合规则的"。

总体而言,采取常人方法学进路对研究有意识及无意识的实践推理都是有所裨益的。因为,实施这一研究程序的关键在于：第一,研究者的叙述视角是其他文化群体中的行动者,而不是外部的观察者;第二,研究者关注的是动态的行动,而不是静态的事件;第三,研究者的两个重要的研究步骤在于描述某行动并解释其理由。显然,无论行动者在实践推理的过程中是否是有意识的,以上三个方面的分析对其都是适用的。但值得注意的是,即使常人方法学的研究冠之以"形式推理"之名,但实际上并没有在方法论层面上提供一种具体的策略,用以揭示实践推理中蕴含的推理模式。因为这些人类学家更关注于把握情境和展现过程,但通常并不在意抽象的推理问题。

① H. Garfinkel, *Studies in Ethnomethodology*, Malden, MA: Polity Press/Paradigm Publishers, 1984 (Original work published 1967), pp. 1、31-37.

② H. Garfinkel, *Studies in Ethnomethodology*, Malden, MA: Polity Press/Paradigm Publishers, 1984 (Original work published 1967), pp. 4-7、11.

③ H. Garfinkel, *Studies in Ethnomethodology*, Malden, MA: Polity Press/Paradigm Publishers, 1984 (Original work published 1967), pp. 1、11、31.

（五）问题与方法

反观这场旷日持久的赞德逻辑争论,焦点可以归结为两个方面:(1)赞德逻辑中是否存在矛盾;(2)阿赞德人是否持有一种有别于西方逻辑的特殊逻辑。为了解决这两个问题,西方的人类学家、哲学家和逻辑学家们采用的基本方法包括:第一,根据阿赞德人对巫术物质遗传性(或巫师身份)的认定,来表明他们的逻辑存在矛盾;第二,通过讨论赞德信念的合理性,主张阿赞德人具有特定的思想体系,因而赞德逻辑也是无矛盾的;第三,在确认赞德信念合理性的基础之上,采用三值逻辑或次协调逻辑的方法刻画阿赞德人的推理,进而消解经典逻辑视角下的逻辑矛盾或确保一个包含矛盾信念的系统不会流于平凡。

从带有猜测意味的事实阐释,到富有批判精神的哲学讨论,再到呈为精致形式的逻辑刻画,近80年来的赞德逻辑研究取得了显著的进展。这些研究面临的一个共同问题是:它们都是以埃文思-普理查德(1937)关于阿赞德人所持信念的四页文献作为事实基础,而不是将阿赞德人的日常交际和论证事实作为研究起点,所以都是采取某种西方逻辑的框架,对赞德逻辑作出外部化的分析与评价。本书将这些赞德逻辑研究统称为“据西释阿”范式,它主要表现为:根据西方传统逻辑及其在现代的发展,整理、解释或重构赞德逻辑。然而,阿赞德人与现代西方文化群体的异质性是显见的,如他们并不会用形式化概念进行抽象的分析和推理,而只会根据特定情况采取情境式行动。虽然采取该范式的工作看似渐趋精致(如较为晚近的形式逻辑),但实际上很难避免因采取外部化研究而产生的曲解问题。

为了摆脱这一研究困境,本节在第三小节和第四小节中尝试寻找一种既能揭示论证模式或逻辑形式,又能考虑社会文化因素的新路径。一方面,从理解阿赞德人认知的角度出发,指出采取巫术研究方法有助于解释赞德巫术的功能和意义。另一方面,从澄清推理者自觉性的角度出发,阐明使用实践推理方法有助于挖掘阿赞德人无意识的实践推理数据。但棘手的是,单独使用其中的任何一种方法,都不足以兼顾这两个因素。出于探索这一问题解决方法的考虑,下一章将引入西方论证理论。

第一章　西方论证研究的特征表达

区别于将论证视为结果(product)的标准逻辑进路分析,西方论证理论通常将论证看作发生于理性行动者之间的过程(process),从而将主体因素、社会因素和语境因素纳入论证实践的特征分析。通过梳理这三种因素的论证分析与评价方法,本章将重点探讨功能分析方法在当前西方论证研究中的必要性和实现方式。

第一节　主 体 因 素

一、论 辩 分 析

如果采取标准的逻辑进路,那么论证就不仅是自发的,而且是与主体无关的抽象命题模式。所以,大多数逻辑学家通常把论证看作由一个(或多个)前提和结论构成的结果,且主要关注论证是否是演绎有效的或归纳强的。与此不同,采取论辩(dialectical)进路的研究将论证看作"发生在至少两方之间的显式或隐式讨论/对话(dialogue)"。① 例如,以巴特(E.Barth)和克拉伯(E. Krabbe)为代表的形式论辩术(Formal dialectics)主张发展一种对话的理论,将论证看作语言使用者讨论的一部分。② 较之于以往的独白式逻辑,对话逻辑以"表达的观点"取代了结论,以反对者的"让步(concessions)集"取代了前提。③ 通过引入主张者和反对者这两种角色,该理论在考虑主体因素的过程中,舍弃了逻辑进路常用的"前提—结论"式框架。

例如,主张者 P 提出"$A \rightarrow C$"作为其初始论点 T。随后,反对者 O 通过给出"$A \rightarrow B, B \rightarrow C$"对 P 作出反驳。形式论辩术认为,P 的初始论点与 O 作出的反驳就构成了"初始冲突",且"$A \rightarrow B, B \rightarrow C$"被看作是 O 的让步集。通

① F. H. van Eemeren & R. Grootendorst, *Speech Acts in Argumentative Discussion*s, Dordrecht: Foris, 1984, p. 12.

② E. M. Barth & E. C. W. Krabbe, *From Axiom to Dialogue*: *A Philosophical Study of Logics and Argumentation*, Berlin: De Gruyter, 1982.

③ F. H. van Eemeren & R. Grootendorst, *Speech Acts in Argumentative Discussion*s, Dordrecht: Foris, 1984, p. 13.

过若干回合的论辩,P 最终表明 O 在先的两个步骤出现矛盾,从而 P 获胜。具体分析步骤可参见表 1-1。①

表 1-1 基于形式论辩术的步骤分析

	O	P
1.	$A{\rightarrow}B$	
2.	$B{\rightarrow}C$	
3.		$A{\rightarrow}C$
4.	$(?)A/3$	
5.		$C{\backslash}4$
6.	$C?/5$	
7.		$(?)A/1$
8.	$B{\backslash}7$	
9.		$(?)B/2$
10.	$C{\backslash}9$	
11.		$!(6,10)$

步骤(1—3):P 提出初始论点"$A{\rightarrow}C$"并为其作辩护,持相反立场的 O 通过提出 $A{\rightarrow}B$ 和 $B{\rightarrow}C$ 对 P 进行反驳。在命题逻辑中,"$A{\rightarrow}C$"与"$A{\rightarrow}B,B{\rightarrow}C$"是逻辑等价的。但从形式论辩术的角度看,主张"$A{\rightarrow}C$"的一方 P 和认为"$A{\rightarrow}B,B{\rightarrow}C$"的另一方 O 是持有对立立场的两方,"$A{\rightarrow}B,B{\rightarrow}C$"被看作初始让步集,立场"$A{\rightarrow}C$"和立场"$A{\rightarrow}B,B{\rightarrow}C$"则被视为"初始冲突"。此处 O 的让步集指的是,O 作出的一个/多个表达立场的陈述。亦即,从让步集出发,O 对 P 作出挑战,从而使其为初始论点作出辩护。

步骤(4):$(?)A/3$ 表示 O 对 P 通过步骤(3)提出的 $A{\rightarrow}C$ 中的 A 进行攻击。由 O 实施的步骤(4)是论辩的开始,且 O 是唯一能够执行这一步骤的一方。原因在于,根据基本规则的第(2)条,"O 可以攻击 P 提出的任何陈述;但是,除非通过反击的方式进行辩护,否则 P 均不能攻击 O 的陈述"。

---

① F. H. van Eemeren, R. Grootendorst & A. F. Snoeck Henkemans, *Fundamentals of Argumentation Theory: A Handbook of Historical Backgrounds and Contemporary Developments*, Mahwah, NJ.: Lawrence Erlbaum Associates, 1996, pp. 269-270.

步骤(5):$C\backslash4$ 表示针对 O 在步骤(4)中作出的攻击,P 通过表明 C 来作出防护性辩护。根据基本规则的第(2)条:持赞成立场的 P 须为其主张作出辩护。

步骤(6):$C?/5$ 表示针对 P 在步骤(5)中给出的命题 C(原子命题),O 再次作出攻击。因为,根据基本规则第(2)条提及的 P 与 O 之间的非对称关系:O 可以攻击 P 提出的任何陈述。

步骤(7):根据形式论辩术对规则的界定,不能对基于原子命题的攻击采取防护性辩护,所以 P 在步骤(7)中只能转而反击。由此,P 对 O 在步骤(1)中的前件 A 表示质疑。

步骤(8):O 针对 P 在步骤(7)中的质疑,给出防护性辩护。

步骤(9):P 针对 O 在步骤(2)中所示命题的前件 B 提出质疑。

步骤(10):O 针对 P 在步骤(9)中提出的质疑,给出防护性辩护。

步骤(11):P 通过指出步骤(6)与步骤(10)的矛盾而获胜并结束论辩,即指出 O 在步骤(6)中对 C 表示质疑,却在步骤(10)中对 C 表示肯定。

在讨论规则和胜负规则的约束下,提出命题 $A\rightarrow C$ 的主张者 P 是获胜方。值得注意的是,反对者 O 所断言的命题"$A\rightarrow B$"和"$B\rightarrow C$"在命题逻辑的视角下恰被认为与"$A\rightarrow C$"是逻辑等价的。这意味着,通过引入论辩维度,这种分析方法为解决主体间的意见分歧提供了一个具有规范性基础的理性框架,即标准的讨论规则。[1]

由于反对者的让步集被定义为双方论辩的起点,且基本规则引入了主张者和反对者之间的非对称关系,采取形式论辩术的论辩分析往往被指责为"违反直觉(或实际论辩情况)"。[2] 不过,这种从独白到对话的研究转向引起了语用论辩(Pragma-Dialectical)学派的关注。他们意识到,如果采取既往的独白视角,在讨论论证性交际(communicative)和论证性互动(interactional)等问题时就会面临理解的困难,因而也倾向于采取对话视角。[3] 语用论辩学派把论证看作批判性讨论(critical discussion)的一部分。

[1] F. H. van Eemeren, R. Grootendorst & A. F. Snoeck Henkemans, *Fundamentals of Argumentation Theory: A Handbook of Historical Backgrounds and Contemporary Developments*, Mahwah, NJ.: Lawrence Erlbaum Associates, 1996, p. 264.

[2] F. H. van Eemeren & R. Grootendorst, *Speech Acts in Argumentative Discussions*, Dordrecht: Foris, 1984, pp.9-15.

[3] Ibid., p. 14.

此处"批判性讨论"指的是分别承担主张者和反对者这两种角色的参与主体之间的讨论。因而,该视角下的论证分析就是考察主张者能否对反对者作出批判性反应,进而为立场作出辩护。这直接导致了语用论辩学派以论辩进路作为基本的分析框架。一方面,他们把论证视为用以检验某个立场的部分程序,并将论辩性程序看作理性讨论者的行为规则。程序的合理性(reasonableness)又取决于问题的有效性和惯例的有效性,即把程序的合理性最终还原为"能否解决意见分歧"以及"能否达成讨论者的可接受性"。[①]另一方面,他们所采取的论辩进路又区别于其他借助修辞进路的论证研究。在语用论辩学派看来,只有那些"旨在解决意见分歧的批判性对话"才能看作讨论。[②]

　　从批判性讨论的视角出发,语用论辩分析的首要目标是用规范性模型来重构解决意见分歧的过程。该模型包含冲突阶段、开始阶段、论辩(argumentation)阶段和结束阶段。[③] 通过增添、删减、替换和重新排列语句,论证重构的过程包括:检查双方的讨论要点,选择程序性起点和实质性起点,提出明晰论证、隐含(或未表达)论证及间接论证,指出单个论证所用的论证图式(scheme)及各论证之间的组合结构。根据组合结构的复杂性差异,论证可分为单个论证和复合论证。其中,复合论证又可分为多重型论证、并列型论证和从属型论证。在这四个阶段中,相应的论辩目标依次是:明确具体的讨论焦点及双方立场(即指派主张者和反对者的论辩角色);明确讨论的程序性起点和实质性起点;明确主张者如何为其立场辩护,反对者如何相应地表达疑问并进行自我辩护;针对主张者能否坚持其初始立场(或反对者能否坚持其怀疑/反对立场),给出最终的论辩结果。

　　与形式论辩术引入讨论规则的方法相似,语用论辩术使用了如下十条不依赖于语境的一般规则:[④]

① F. H. van Eemeren & R. Grootendorst, *A Systematic Theory of Argumentation*: *The Pragma-Dialectical Approach*, Cambridge: Cambridge University Press, 2004, p. 132.
② 由于修辞进路所处理的独白式语篇只关注论证者能否赢得受众的赞同(不符合批判性对话的规范),因而只能视为"准讨论"(quasi-discussion)。
③ F. H. van Eemeren & R. Grootendorst, *A Systematic Theory of Argumentation*: *The Pragma-Dialectical Approach*, Cambridge: Cambridge University Press, 2004, pp.57-62.
④ 语用论辩学派将规则分为两类:一类是推理规则,另一类是讨论规则,且着重于从解决意见分歧的角度对讨论规则作出界定。此外,该学派在讨论规则这一问题上也呈现出语境化的发展过程(详见本章第三节)。在1984—2009年的文献中,仅将讨论规则限定为"十条用以解决意见分歧的讨论规则",而并未作出一般规则与特殊规则的区分。自2010年以来,具体的宏观语境得到了更多的关注,相应的特殊规则也随之进入论证分析与评价视野。

（1）自由规则：论辩双方均不得阻止对方提出立场或质疑其立场。

（2）举证责任规则：在对方要求时，提出立场的一方有义务为该立场作出辩护。

（3）立场规则：一方对立场的攻击必须与另一方切实提出的立场相关。

（4）相干规则：只有作出与立场相关的论证，这一立场才能得到辩护。

（5）未表达的前提规则：论辩双方均不得错误地呈现对方的未表达前提，也不能否认自己已含蓄给出的（未表达）前提。

（6）出发点规则：任何一方均不得错误地呈现或否定已（被双方）接受的出发点。

（7）论证图式规则：如果未通过正确使用恰当的论证型式（对立场）进行辩护，那么该立场就不能被视为得到了决定性的辩护。

（8）有效性规则：在论证中，推理必须是逻辑有效的；或者，通过明晰未表达的前提，使得论证中的推理是逻辑有效的。

（9）结束规则：失败的立场辩护必然导致主张者收回其立场，成功的立场辩护必然导致反对者收回其质疑。

（10）用法规则：论辩双方均不得使用含混不清的表达，必须尽可能谨慎而准确地解释对方的陈述。[1]

另一方面，北美的非形式逻辑（informal logic）运动也采取了论辩的研究进路。论证被定义为"一种由论证实践提取而来的语篇或文本"。论证者通过给出支持性理由，设法向另一方说服某个论点的真值。除了推论核心（illative core）之外，论证还具有一个论辩外层（dialectical tier），而论证者就在这个外层中履行其论辩义务的。[2] 该定义表明了论证具有论辩的性质，主张把另一方的批评或意见纳入主体的考虑范围。

相应地，一个好的论证（good argument）必须同时满足推论核心和论辩外层两个方面的评价标准：其一，具有"前提—结论"式结构的推论核心须满足 ARTS 标准，即前提必须是可接受的（acceptable）、与结论相关的（relevant）、真的（true），且是充分（sufficient）支持结论的；其二，由于通过论证而进行的说服发生在论争的背景之下（即论证者预测并试图化解另一方

---

① F. H. van Eemeren, R. Grootendorst & A. F. Snoeck Henkemans, *Argumentation*: *Analysis*, *Evaluation*, *Presentation*, Mahwah, NJ: Lawrence Erlbaum Associates, 2002, pp. 82-183.

② R. H. Johnson, *Manifest Rationality*, Mahwah, NJ: Lawrence Erlbaum, 2000, p. 168.

的反对和批评),因而将论辩外层作为论证的评价标准是必要的。论证者必须恰当处理针对前提、结论或论证而可能出现的各种规范的反对意见,进而证明各种(根据预测)与其立场不一致的观点也会最终偏好他所得出的结论。

二、言语行为分析

如果从标准的逻辑视角看,那么命题就是构成论证的最小单位。区别于此,当代西方论证研究出现了行为化的趋向。例如,语用论辩学派主张以言语行为来表征讨论步骤,①每个命题都被相应地看作某个言语行为,从而在命题与言语行为之间建立起一一对应的关系。② 言语行为具有行事(illocutions)和取效(perlocutions)两种性质:前者涉及交际方面,意指说话者通过给出论证而使听话者达成理解;后者涉及互动方面,意指说话者通过说服而使听话者表明接受(或拒绝)的态度。③ 同时,该理论还对"论证的言语行为"与言语行为标准理论中的断言、请求、承诺、取消、告知、建议及预测等行为作出如下区分④:

(1)断言、请求和承诺等可以仅由一个单独的句子构成,但论证在原则上是由一个以上的句子构成的。例如,"我明天帮你敲掉这堵墙"这句话本身就是一个完整的承诺。但对于句子序列"她最好不要去学驾驶,因为她已经 61 岁了,容易慌张,而且靠养老金永远也买不起轿车"而言,后面三句话才构成立场"她最好不要去学驾驶"的论证。

(2)构成论证的话语(utterances)具备两种交际功能,即论证功能与断言(或请求、承诺等)功能。例如,以上合在一起的三个话语(句子)才共同实现了论证这种交际功能。同时,每个话语又单独发挥另一种交际功能,即又是断言、陈述等。

(3)构成"论证"的言语行为序列必须依赖于另一个作为"立场"的言语行为而存在。也就是说,表达立场的言语行为是由论证来支持的。但相

---

① F. H. van Eemeren & R. Grootendorst, *Argumentation, Communication, and Fallacies: A Pragma-dialectical Perspective*, Hillsdale, N.J.: Lawrence Erlbaum, 1992, p. 10.

② F. H. van Eemeren & R. Grootendorst, *Speech Acts in Argumentative Discussions*, Dordrecht: Foris, 1984, pp. 23-29.

③ F. H. van Eemeren & R. Grootendorst, *Speech Acts in Argumentative Discussions*, Dordrecht: Foris, 1984, pp. 23 - 29; F. H. van Eemeren & R. Grootendorst, *Argumentation, Communication, and Fallacies: A Pragma-dialectical Perspective*, Hillsdale, N.J.: Lawrence Erlbaum, 1992, pp. 26-28.

④ F. H. van Eemeren & R. Grootendorst, *Argumentation, Communication, and Fallacies: A Pragma-dialectical Perspective*, Hillsdale, N.J.: Lawrence Erlbaum, 1992, pp. 28-29.

较而言,诸如承诺、请求等言语行为并不需要与其他言语行为相联系,其本身就可以独立地作为一种言语行为而存在。

在语用论辩学派看来,这三个方面的差异是由言语行为在句子层面和语篇层面所具有的不同交际功能所导致的。所以,言语行为又可以划分为两种类型:一种是基于句子层面的简单言语行为,另一种是基于语篇层面的复合言语行为。其中,论证属于第二种言语行为,①见表1-2②。

表1-2　作为复合言语行为的论证

句子层面	句子	$S_1, \ldots, S_n$	S_i
	简单言语行为	$A_1, \ldots, A_n$	A_i
语篇层面	复合言语行为	ARG+/− ⟶ +／−	O

S　=句子　　　　　　　　　　　O　=表达的观点
A　=行事断言行为　　　　　　$\updownarrow$　=一一对应
ARG+ =辩护型论证　　　　　　+⟶　=辩护关系
ARG− =反驳型论证　　　　　　−⟶　=反驳关系

如表 1-2 所示,"ARG+/−⟶O"是语用论辩学派研究的核心问题。其一,由于"ARG+/−"与行事断言行为"$A_1, \ldots, A_n$"之间存在一一对应的关系,因而语篇层面上的论证依然会还原为句子层面上的单个言语行为。其二,如前所述,为了刻画"ARG+/−"与"O"之间的辩护(或反驳)关系,该学派讨论了论证结构和论证图式。③ 其三,"O"表现为论辩双方的意见分歧,因而可以还原为具有某种交际功能的单个言语行为。由于行事断言行为 A 与句子 S 之间也存在一一对应的关系,所以"ARG+/−"和"O"就可以表征相关句子(或命题)所具有的交际功能。从论证评价的角度看,语用论辩理论旨在考察构成论证的言语行为是否有助于增强立场的可接受性,即构成论证的言语行为能否为作为立场的言语行为实现辩护(或反驳)的功能,以及论证在何种程度上辩护(或反驳)了立场所指的命题。

① F. H. van Eemeren & R. Grootendorst, *Speech Acts in Argumentative Discussions*, Dordrecht: Foris, 1984, p. 35.
② 原表标注的是"复合行事行为"。由于本书对言语行为中的两种典型特征暂不做区分,故将其统称为"复合言语行为"。
③ F. H. van Eemeren & A. F. Sn Henkemans, *Argumentation: Analysis and Evaluation*, 2nd edition, New York: Routledge, 2016, pp. 58−60, 84−89.

第二节　社　会　因　素

当论证的构成单位不再是命题(或句子),而是具有主体特征的言语行为时,社会因素也便相应地介入当代西方的论证分析与评价。例如,从语用论辩的视角看,论证会受到惯例(conventions)的约束,而惯例又具有社会属性。此处所说的"惯例"可以划分为两种类型:一种是语言惯例(conventions of language),另一种是使用惯例(conventions of usage)。根据言语行为的行事性质和取效性质,使用惯例可以划分为交际性使用惯例和互动性使用惯例。前者又被称作"行事惯例",而后者被称为"取效惯例",详见图1-1。①

图1-1　惯例的分类

从言语行为分析的角度出发,具有社会属性的使用惯例由语言使用者构成的群体所共享,且和群体成员就规范性(regularity)所共同持有的期望(expectations)、现实规范(actual regularities)及其相关的准则(norms)有关。某一语言使用惯例存在于语言使用者所构成的群体中,仅当:(1)该群体成员(所使用)的语言显示了某种规则性,且这种规则性出现于严格描述的事例中;(2)该群体的成员期望这些规则出现在那些(严格描述的)事例中;(3)该群体的成员偏好于这些规则出现在那些(严格描述的)事例中,因为它们解决了交际或互动的问题。

上述条件(1)表达了惯例的事实性,条件(3)表达了规范性,而条件(2)表达了社会性。语用论辩理论认为这三个条件都是必要的,主要原因在于:如果只满足条件(1),那么"规则性"也就无非是个统计的事实;如果只满足条件(2),那么集体性期望便是毫无根据的;如果只满足条件(3),那么社会性的期望就始终是未实现的。如果均满足条件(1)和条件(2),但不满足条件(3),那么惯例就只是一种公认的自然特征;如果均满足条件(2)和条件(3),但不满足条件(1),那么惯例就只是一种富于情绪化的想象;如果均满足条件(1)和条件(3),但不满足条件(2),那么惯例就只是一

---

① F. H. van Eemeren & R. Grootendorst, *Speech Acts in Argumentative Discussions*, Dordrecht: Foris, 1984.

种过于理想化的交际和互动。

取效行为信服性的实现,不仅要求听者理解说者的行事行为(即听者理解说者所给出的论证),而且要求说者所做的论证产生结果(即听者接受或拒绝说者所表达的观点)。听者对某特定观点采取的(接受或拒绝)态度,依赖于他所在的社会群体公认并使用的取效惯例。更进一步,取效惯例的确定又依赖于该群体中论证型式的使用惯例。所以,考察某社会群体的取效惯例,就必须还原到相关论证图式的惯例性。

论证图式分析必须同时满足事实性、社会性及规范性这三个条件。其中,是否满足条件(3)依赖于语言使用者对论证图式可靠性的判定。一方面,特定群体的语言使用者认为可靠的论证图式很可能被另一个群体的语言使用者视为谬误。这意味着论证图式的问题解决能力是相对于不同社会群体而言的,即这两个群体的语言使用者所采用的合理性概念。另一方面,论证图式的合理性必须与该群体成员对这一论证图式的使用惯例相联系。换言之,听者是否信服地接受某个论证,依赖于其所在群体的论证图式使用惯例。

第三节　语　境　因　素

总体而言,西方论证研究的修辞学(Rhetoric)和论辩术(Dialectics)这两大进路都表现出显著的语境化趋势。一方面,修辞学进路根据历史语境条件提取语篇特征,进而将修辞性情境看作"人物、事件、目标、关系和引起表达需求的自然语境(natural context)"。20世纪70年代以来,采取这一进路的扎雷夫斯基(D. Zarefsky)和古德奈特(T. Goodnight)还先后就论证领域(argument field)和论证氛围(argument sphere)等概念进行讨论。①

另一方面,论辩术进路下的语境分析又可以分为两种范式。第一种范式主要是由沃尔顿(D. Walton)和克拉伯(E. Krabbe)提出的。通过区分对话类型,他们将语境维度纳入论辩框架。第二种范式指的是,语用论辩学派于20世纪70—90年代针对论证性语篇(argumentative discourse)中的会话性语境(conversational context)所实施的论证重构。② 21世纪初,该学派又从论证实践的发生领域、宏观语境和交际活动类型(communicative

---

① F. H. van Eemeren & R. Grootendorst, *Speech Acts in Argumentative Discussion*s, Dordrecht: Foris, 1984, pp. 10-12.
② Ibid., pp. 141-149.

activity type)等方面拓展了语境因素在论证分析与评价中的作用。①

　　作为当代论证研究中一个颇具影响力的理论,语用论辩学首先基于规范的论辩框架,将逻辑视角下的推理模式应用到特定的论证结构中。藉由取效性(effectiveness)因素的引入,该理论又对描述的修辞维度予以补充整合。从方法论的角度看,语用论辩理论也就得以兼顾论证研究领域的三个主要进路,即逻辑学进路、论辩术进路和修辞学进路。鉴于此,本节将以语用论辩理论作为范例,力图考察西方论证研究领域中一种典型的语境因素分析方法。首先,根据语用论辩理论的两个发展阶段,梳理会话性语境和制度性语境的具体介入方式。其次,结合学术领域的一个案例分析,直观展示该理论如何在制度性语境下分析典型论证模式。最后,基于语用论辩理论的语境化拓展,探讨合理性评价的相关问题。

一、从会话性语境到制度性语境

　　从发展脉络上看,20 世纪 70 年代末采取单一合理性(reasonableness)评价标准的语用论辩理论被称为"标准理论"。自 20 世纪末以来,该学派的研究重心逐渐从抽象的理想模型转移到具体的论辩实践。较之于标准理论,语用论辩学派把这一时期兼顾合理性和取效性标准的研究称作"扩展理论"。② 直观而言,扩展理论认为论证的合理性在原则上能够产生相应的取效性,但在某些情况下,合理性并不是产生取效性的唯一条件。通过对规范的分歧解决模型进行经验分析,扩展理论提出了三个基本要求:③

　　(C1)在某种程度上,日常论证者明确地知晓自己具有何种"论辩义务(obligations)"。因为参与主体知道哪些论证步骤会被看作合理的,而哪些会被视为不合理的。反之,如果这个原则不成立,那么合理性与说服力(persuasiveness)之间就没有任何合理的联系。

　　(C2)日常论证者假定批判性讨论的另一方也会遵循与之一致的论辩义务,即论辩双方享有共同的合理性标准。论辩双方对合理性标准的一致认同保证了合理性对两方产生了具体的(或实质的)作用。反之,参与主体针对对方的质疑或反对所给出的论证也就是无意义的。

---

① F. H. van Eemeren, "Bingo!", in *Reflections on Theoretical Issues in Argumentation Theory*, F. H. van Eemeren & B. Garssen (eds.), Switzerland: Springer Cham, 2015, p. 13.

② F. H. van Eemeren, B. Garssen & B. Meuffels, "Effectiveness through Reasonableness: A Pragma - Dialectical Perspective: Preliminary Steps to Pragma - Dialectical Effectiveness Research", In *Reasonableness and Effectiveness in Argumentative Discourse*, F. H. van Eemeren, B. Garssen & B. Meuffels (eds.), Switzerland: Springer Cham, 2015, pp. 782-793.

③ Ibid., pp.782, 790.

（C3）日常论证者偏好于认为，那些未能遵守共有标准的论辩步骤都会被视为"不合理的"。如果这个原则不成立，那就意味着论辩双方所提供的论证不会产生任何结果。因此，论证实践也就是无意义的。

在以上两个阶段，语用论辩理论采取了不同的语境介入方式。一方面，标准理论在会话的（conversational）层面上讨论语境因素对论证分析的意义。如前所述，其认为论证分析的首要步骤是论证重构。完成重构的主要途径是添加未表达前提，而未表达前提的添加又是通过呈现会话蕴涵（conversational implicature）来实现的。亦即，将未表达前提的添加看作语用层面上的会话问题，从而将不确定的会话性语境因素纳入论证重构。由此，语用论辩的标准理论给出了明晰未表达前提的一般步骤：

（1）从不确定的中立语境出发，构造单个论证；

（2）所加入的未表达前提能够使说话者的论证有效；

（3）所加入的未表达前提是最富有信息量的；

（4）所加入的未表达前提符合说话者的论证承诺。

另一方面，扩展理论通过分析论证者的策略操控（strategic maneuver-ing），考察了自然发生的多种论证实践。为了表征这些论证实践的差异性特征，扩展理论引入论证性语篇所在的制度性（institutional）语境。① 以下将其对制度性语境的分析归纳为五个步骤：②

（1′）确定论辩性活动所发生的交际领域（communicative domain）。交际领域主要包括法律领域、政治领域、医疗领域、学术领域、问题解决领域、外交领域、商业领域和人际领域等。

（2′）确定交际领域中的特定宏观语境（macro-context）。例如，法律领域的宏观语境主要包括法庭诉讼、仲裁和传讯；政治领域的宏观语境主要包括议会辩论、总统大选辩论和首相质询环节；医疗领域的宏观语境主要包括医生的处方意见和健康专栏；学术领域的宏观语境主要包括专业书评、学术论文和会议演讲。

① A. F. Snoeck Henkemans & J. H. M. Wagemans, "Reasonableness in Context: Taking into Account Institutional Conventions in the Pragma-Dialectical Evaluation of Argumentative Discourse", in *Reflections on Theoretical Issues in Argumentation Theory*, F. H. van Eemeren & B. Garssen (eds.), Switzerland: Springer Cham, 2015, pp.217-226.

② F. H. van Eemeren, "From Ideal Model of Critical Discussion to Situated Argumentative Discourse: The Step-by-Step Development of the Pragma-Dialectical Theory of Argumentation", in *Reasonableness and Effectiveness in Argumentative Discourse*, F. H. van Eemeren, B. Garssen & B. Meuffels (eds.), Switzerland: Springer Cham, 2015, pp.141-142.

（3′）明晰宏观语境的制度性目标。例如,议会辩论的制度性目标是针对某个提案作出合理的决策;政治访谈的制度性目标则是增进听众对受访者观点的了解与立场的认同。

（4′）指出基于某种(或某些)制度性目标而形成的相关制度性惯例。① 例如,欧洲议会辩论的制度性惯例是,议会成员既要全力服务于整个欧洲的发展目标,又必须致力于保护各自所属国的国家利益并满足选民的要求。

（5′）根据制度性目标和制度性惯例,确定交际活动类型（communicative activity type）。其中,实际的交际活动往往会包含多种交际类型。例如,议会辩论的主要交际类型是审议;政治访谈的交际类型既包括审议,同时也会涉及信息传播,详见表1-3。②

表1-3　交际活动的领域、类型及宏观语境

交际领域	交际活动类型	宏观语境
法律	判决	①法庭诉讼②仲裁③传讯
政治	审议	①总统大选辩论②议会中的一般辩论③首相质询时间
问题解决	调解	①羁押调解②商议③非正式干预
外交	谈判	①和平谈判②贸易条约③外交备忘录
医疗	咨询	①医生的建议(意见)②处方③健康专栏
学术	争论	①书评②科学论文③会议演讲
商业	推广	①广告特辑②商业谈判③分类广告
人际	交往	①闲聊②情书③道歉

上述（3′）、（4′）中的"制度性目标"和"制度性惯例"共同构成了实施策略操控的"制度性先决条件"（institutional preconditions）。因而,由此确定的"交际活动类型"也就构成了策略操控的外在约束。

以西方医患沟通所涉及的论证分析为例,扩展理论考察制度性语境的程序就包括:第一步,确定论证活动发生的交际领域是医疗领域;第二步,确

① 制度性惯例的表征方式往往会有所区别。例如,法庭判决的惯例表现为明确且高度形式化的建制性和调控性规则;而日常闲聊中的惯例则显得隐晦、含蓄而松散。
② F. H. van Eemeren, *Strategic Maneuvering in Argumentative Discourse*, Amsterdam: John Benjamins Publishing Company, 2010.

定医疗领域的宏观语境,含医生提供建议、处方和健康专栏;第三步,针对医生提供建议的宏观语境,明确其制度性目标是针对某个患者咨询提供合理的建议;第四步,针对西方社会医生提供建议的制度性(机构性)目标,指出其制度性惯例在于:医生既要告知患者如何做,又必须使其信服地接受医生的诊断、治疗观点;第五步,根据西方医患沟通的制度性目标和惯例,确定其主要的交际类型是咨询型行为(见图1-2、图1-3)。

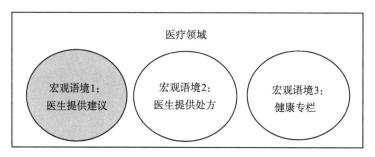

图1-2　考察制度性语境的第一、第二步

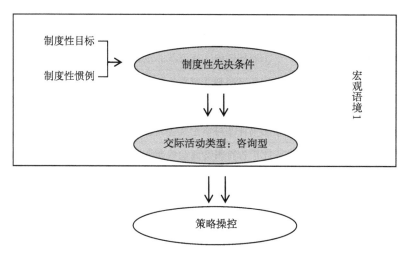

图1-3　考察制度性语境的第三、第四、第五步①

　　通过引入制度性先决条件和交际活动类型,语用论辩学的扩展理论主张依次对四个阶段的策略操控(或具体论辩步骤)进行特征刻画,进而揭示其典型论证模式(prototypical argumentative patterns)。其中,典型论证模式主要包括特定论辩交际活动中典型的立场、论证结构和论证图式(详见图1-4)。从质的角度看,可以从四个方面分析典型论证模式:第一,分析论辩

---

① 图中的虚线箭头表示该步骤也可以省略。

双方的意见分歧种类,如单一/多重分歧,混合型/非混合型分歧;第二,分析论辩双方的立场特性,如描述性/评价性/规范性(prescriptive)立场;第三,分析单个论证的论证图式:如因果型/类比型/征兆型论证图式;第四,分析结构的复杂性特征,如单个/多重型/并列型/从属型论证。① 从量的角度看,某些典型的论辩模式会出现得更为频繁,甚至更具有支配性。因此,扩展理论主张根据典型论证模式②的出现频率来确定更为稳固的定型论证模式(stereotypical argumentative patterns)。

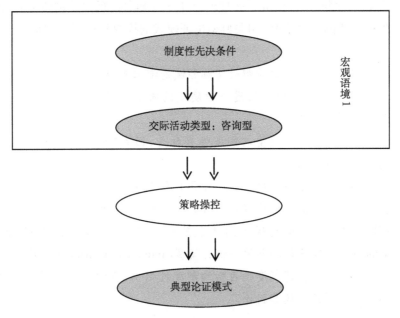

图 1-4　基于制度性语境的策略性操控和典型论证模式分析

二、基于制度性语境的典型论证模式分析

基于学术领域的制度性语境,本小节将通过分析科学家为科学解释所作出的辩护(justification)方式,展示语用论辩的扩展理论如何揭示典型论证模式。③ 此处"辩护"指的是,科学家用论证(arguments)来支持主张(claims)。首先,专业领域内的"科学交际"(scientific communication)可以

① F. H. van Eemeren, "Bingo!", in *Reflections on Theoretical Issues in Argumentation Theory*, F. H. van Eemeren & B. Garssen (eds.), Switzerland: Springer Cham, 2015, pp. 3-25.

② F. H. van Eemeren, "Identifying Argumentative Patterns: A Vital Step in the Development of Pragma-Dialectics", *Argumentation*, Vol. 30, No. 1 (2016), pp. 15-16.

③ J. H. M. Wagemans, "Argumentative Patterns for Justifying Scientific Explanations", *Argumentation*, Vol. 30, No. 1 (2016), pp. 97-108.

被表述为,旨在使同一领域的其他科学家信服地接受其新主张的专家之间的互动,而新主张与该领域内已被接受的其他既有主张是相背离的(即存在意见分歧),且它们共同构成了该领域的知识主体。其次,虽然科学主张的本质主要是描述性的,但也包含了对所观察到的事实作出的新解释。为了回应(或预测)其他同行的质疑或批评,科学家们会援引该领域内已被广泛接受的方法论、涉及所观察内容的信息以及现有知识体系中的其他信息,以期支持自己的新主张。再者,辩护科学解释的过程就是解决专家之间意见分歧的过程。因此,语用论辩的拓展理论对"科学解释的辩护"问题是适用的。

根据前述的五个步骤,相关典型论证模式的提取程序可以归纳为:

(1″)拟予考察的论辩性交际领域是学术领域。

(2″)在学术领域中,进一步确定的宏观语境是:科学实践和科学哲学的理论著述。

(3″)所在宏观语境的制度性目标是,回答"科学主张和科学理论的本质是什么"。

(4″)基于上述制度性目标而形成的制度性惯例是,科学哲学家提供了某些形式的科学解释。例如,一位颇具影响力的代表人物亨普尔(Hempel)在 20 世纪提出的两个模型:演绎—规律模型(Deductive-nomological Model)和归纳—统计模型(Inductive-statistical Model)。

(5″)根据上述制度性目标和制度性惯例,科学哲学家所使用的交际活动类型是争议和讨论。

由于在现有制度性惯例的呈现、交际活动类型的识别,以及真实交际活动中策略操控的使用等核心环节,都需要考察"科学解释"的提出与辩护,因而可以先得出辩护科学解释的基础论证模式,见表 1-4。①

表 1-4　关于辩护科学解释的基础论证模式

1　我们可以假定,某个特定事实(X 是 Y)是存在的
1.1　我们已经观察到某个(或某些)特定事实(X 是 Z)是存在的
1.1′　如果我们已经观察到某个(或某些)特定事实(X 是 Z)是存在的,那么就可以假定某个特定事实(X 是 Y)是存在的

① J. H. M. Wagemans, "Argumentative Patterns for Justifying Scientific Explanations", *Argumentation*, Vol. 30, No. 1 (2016), p. 102.

1.1′.1a	应用定律 S
1.1′.1b	应用初始条件 T

根据制度性先决条件,可以给出以上基础论证模式的两类批判性问题:其一,"好的"解释应该满足哪些必要条件?[①] 其二,应当如何确定"最优"解释的准则(criteria)?[②] 根据这两类问题的可能性回答,可以得出基础论证模式的两种扩展形式,见表 1-5 和表 1-6。[③]

表 1-5　关于解释质量的扩展论证模式

1.1′.1	Y 是引起 Z 的原因
1.1′.1.1a	Y 是引起 Z 的必要原因(如果非 Y,那么非 Z)
1.1′.1.1b	Y 是引起 Z 的充分原因(如果 Y,那么 Z)

表 1-6　关于选择最优解释的扩展论证模式

1.1′.1	在备选解释 H_1-H_n 中,H_i 是 E 的最优解释
1.1′.1.1	H_1-H_n 分别以 $S_{1,1}$-$S_{n,n}$ 的值满足标准 C_1-C_n
1.1′.1.1′	如果 H_1-H_n 分别以 $S_{1,1}$-$S_{n,n}$ 的值满足标准 C_1-C_n,那么在可能的 解释 H_1-H_n 中,H_i 就是 E 的最优解释
	1.1′.1.1′.1　应用决策规则 R

由此可见,在争论科学主张与科学理论之本质的学术语境下,根据语用论辩的扩展理论所分析得出的基础论证模式是具有显著的语境敏感性的。例如,其中所涉及的"事实""观察""定律""初始条件"等语词均表征了制度性学术语境的典型特征。同时,关于解释质量的扩展论证模式扩充了早期的语用论辩术理论在论证分析中所划分的三种主要的论证图式,尤其是其中的因果型论证图式。另外,较之于之前所关注的论证结构、论证图式等,关于选择最优解释的扩展论证模式新引入了一种决策模式分析。

[①] 第一个问题主要是通过分析其他科学哲学家对亨普尔科学解释的质疑和批评而提出的。

[②] 第二个问题是基于科学解释中"回溯推理"(abductive reasoning)的作用而提出的。

[③] J. H. M. Wagemans, *Argumentative Patterns for Justifying Scientific Explanations*, *Argumentation*, Vol. 30, No. 1 (2016), pp. 104-105.

三、基于不同语境的合理性评价

从理论属性来看,语用论辩学首先是一种规范(normative)的论证理论,而该理论的规范性标准又是通过合理性确立起来的。仅当论证主体根据相关情况恰当使用理由时,其作出的论证才能被看作"合理的"。① 基于某些给定的评价标准,语用论辩术便能够评价某个论证是"合理的"或"不合理的"。其标准理论认为,仅当一个论证遵守了批判性讨论的所有规则(rule),该论证才是合理的;否则,这个论证就是不合理的。区别于此,其扩展理论认为,由于论证的合理性是针对策略操控中某个特定的论辩步骤而言的,所以需要使用两种评价标准,即应当兼顾批判性讨论中的规则和准则(criteria)。

规则和准则的区别在于:一方面,规则规定了论证实践的参与主体在批判性讨论中的权利(rights)和义务(obligations),即自由规则、举证责任规则和立场规则等 10 条不具有语境依赖性的讨论规则。另一方面,准则规定了是否应该将某个论辩步骤"视为"(count as)遵守(或违反)了相关规则。亦即,准则规定了出现在规则里的某个词项的意义(或适用范围),或者某个论辩步骤应当满足所在语境的何种条件。因此,规则具有规范性(prescriptive)和道义性(deontic),而准则具有定义性(definitional)、构成性(constitutive)和非道义性。②

根据语用论辩学的扩展理论,合理性评价是依赖于制度性语境的,尤其是制度性先决条件。如前所述,制度性先决条件是由制度性目标和制度性惯例构成的,而后者又更具有易于刻画的外在特征。从表现形式的角度看,制度性惯例的两种介入方式包括:

第一,在道义性规则的层面上,制度性惯例的表现形式是:

(R1)规定无条件的义务:x 应该实施 y;x 应该避免 y。

(R2)规定有条件的义务:如果情况 z 是切实存在的,那么 x 应该实施 y;如果情况 z 是切实存在的,那么 x 应该避免 y。

---

① F. H. van Eemeren, "*Strategic Maneuvering in Argumentative Discourse*", Amsterdam:John Benjamins Publishing Company, 2010, p. 29.

② A. F. Snoeck Henkemans & J. H. M. Wagemans, "Reasonableness in Context:Taking into Account Institutional Conventions in the Pragma - Dialectical Evaluation of Argumentative Discourse", in *Reflections on Theoretical Issues in Argumentation Theory*, F. H. van Eemeren & B. Garssen (eds.), Switzerland:Springer Cham, 2015, pp. 217-226.

第二,在非道义性准则的层面上,制度性惯例的表现形式是:

（C1）作为一般准则（general criteria）:x"视为"y。
（C2）作为特殊准则（specific criteria）:在语境 z 中,x"视为"y。

在特定的制度性语境中,针对论辩步骤所作出的合理性评价依赖于制度性惯例的性质,即道义性惯例或非道义性惯例。以下将分情况讨论。

情形 1(道义性惯例):

子情形 1:拟予考察的论辩步骤不违反批判性讨论的规则,则该步骤是合理的。

子情形 2:拟予考察的论辩步骤违反了某批判性讨论规则,则应对其合理性作进一步的分情况讨论。

子子情形 1:

如果限制(或扩展)相关的讨论规则,就可以弥补某个(或某些)未满足的高阶条件①(higher-order conditions)。在这种情形中,拟予讨论的论辩步骤即是合理的。例如,在医患交际领域,医生的专业性决定了论辩双方的关系是不对称的。因而,该语境下的二阶条件则是关于患者不具备自动实现双方批判性讨论的内部心智能力。为了满足这个二阶条件,医生的义务就应作出相应的扩展,即医生需要承担证明责任的制度性义务。换言之,医生应该主动向患者展示所有可能的诊治方案及相关证据。较之于批判性讨论中的"举证责任规则"(即在对方提出要求时,主张某个立场的一方有义务为该立场作出辩护),医生所承担的证明义务(或责任)显然是有所扩展的。由于这种扩展能够弥补患者较为有限的内部心智能力(即二阶条件),所以医生所实施的这个论辩步骤就是合理的。

子子情形 2:

如果继续使用相关的讨论规则,就可以弥补某个(或某些)未满足的高阶条件。在这种情形中,拟予讨论的论辩步骤就是不合理的。

情形 2(非道义性惯例):

子情形 1:拟予考察的论辩步骤不违反某批判性讨论规则,则应继续使用该惯例。在后继使用中,该惯例还会进一步指出具有语境依赖性的特殊准则,因而也就可以检验拟予讨论的论辩步骤是否违反了这个相应的准则

---

① 此处的"一阶讨论规则"(或"一阶条件")指的是用以规范批判性讨论的规则;二阶条件指的是论证者的内部心智(internal mental);三阶条件则是论辩性活动所发生的外部环境(external circumstance)。

(即判定其合理性)。

子情形 2:拟予考察的论辩步骤违反了某批判性讨论规则,则应根据特定的制度性语境(尤其是制度性目标)来讨论该步骤的合理性。

根据交际类型的差异,这个准则也会有所不同。例如,在英国首相质询环节的语境下,A 并没有直接表达立场 P,但与其同党派的成员 B 在之前已经表达了这一立场。此时,如果 C 对 A 的立场 P 作出攻击,那么也不能将 C 的攻击视为"稻草人谬误"①。原因在于,虽然语用论辩理论认为在批判性讨论中应当遵守立场规则(即一方对立场的攻击必须是与另一方切实提出的立场相关的),但根据相关制度性语境下的特殊准则(在首相质询环节的论辩活动中,某成员所提出的立场可以"视为"同党派的其他成员已经表明的在先立场),这个行为步骤的合理性评价也随语境而改变。所以,C 对 A 所作出的立场攻击就是一个合理的论辩步骤。②

第四节 问题与方法

从主体、社会和语境三个方面的特征表达角度看,当代西方论证理论在过程维度上呈现出显著的研究倾向,这明显有别于仅将论证看作结果的标准逻辑分析范式。同时,经验化的研究趋势也表明,越来越多的学者关注论证实践是如何展开的。这些论证实践既包括司法诉讼、议会辩论等具有典型制度性特征的交际活动,也涉及不少非正式的互动类型,如家庭成员之间的日常交流。③ 因而,相关的描述性研究要求对论证性语篇作出更细致的识别与分析,这也促使论证理论探讨语篇分析(discourse analysis)和会话分析(conversation analysis)等方法论层面的问题。

这些研究往往已不再以命题作为论证分析与评价的最小单位并直接据此讨论论证结构、图式(scheme)或模式(pattern),而是采取了一种略显迂回的处理方式。取而代之的是,功能(function)因素被先行引入,并以此标识参与者的立场和论证,或考察构成单位之间的联结关系等。根据功能分

---

① 作为一种论辩谬误,此处"稻草人谬误"指的是:论证者歪曲对手的立场以使其更易被攻击,从而破坏旨在解决意见分歧的批判性讨论目标。

② 在这个案例中,道义性层面的立场规则也仍然是有效的,非道义性层面的准则所确定的仅仅是:在首相质询环节的特定语境下,究竟在何时作出某个步骤才能"视为"遵守(或违反)立场规则。

③ F. H. van Eemeren & C. Andone, "Argumentation and Communicative Practices", in *Verbal Communication*, A. Rocci, & L. de Saussure (eds.), Berlin/Boston: Walter de Gruyter, 2016, pp. 245–246.

析的初步结果,再于特定语篇中实施论证重构、分析与评价等研究程序。以下,笔者将尝试澄清功能分析方法的理论背景和必要性,并从语用语言(Pragma-linguistic)视角阐明这一方法在西方论证研究中的实现路径。

一、理论背景

一般而言,论证实践研究关注主体如何实施论证步骤,进而为自己的立场作辩护,并促使持有不同观点的对手收回在先立场。在分析论证实践的过程中,关键的程序性起点是识别双方(或多方)的意见分歧。但一个棘手的问题在于,标准的逻辑进路往往难以找出自然语言中的分歧语句。因为,假设以既往的逻辑进路来刻画分歧,一般可以将其描述为命题"p"与命题"$\neg p$"的形式(其中,p 为合式公式)。也就是说,根据否定的形式特征,可以识别出具有分歧特征的两个命题。然而,若在下述例 1 的论证情形中,[①]就会面临识别的困难:

例 1:

1　A:来帮帮我。

2　B:我忙着呢。

3　A:我需要你托着这个。

4　B:我必须先忙完手头的事情。

5　A:你叫我的时候,我总会伸出援手。

6　B:你在忙的时候,我可从来没叫你。

7　A:拜托,你这个懒鬼!

8　B:才不是呢,你这个悍妇!

如果采取标准的逻辑进路,那么 A 所表达的命题是"A 需要 B 帮助托举某物"。仅从句子的形式上看,B 并没有对上述命题作出明显的否定。但事实上,我们仍然可以发现,B 对此表示了拒绝(或对 A 的请求予以延宕)的态度。亦即,双方在 B 是否对 A 实施托举援助这个问题上是存在分歧的。此处关键的技术性问题就在于,在缺乏明确语言标记的情况下,应如何识别意见分歧? 如果无法借助命题的形式特征来识别意见分歧,又应采取何种分析方法?

---

① S. Jacobs & S. Jackson, "Conversational Argument: a Discourse Analytic Approach", in *Advances in Argumentation Theory and Research*, J. R. Cox & C. A. Willard (eds.), Carbondale & Edwardsville: Southern Illinois University Press, 1982, p. 226.

　　语用语言视角下的论证研究提供了一种诉诸会话理论的解决途径。首先,将意见分歧视为"两种言语行为之间的关系"。① 分歧的基础在于某言语行为的前提(preconditions)与另一种言语行为之间的矛盾(contradiction)。从这一视角看,例1中A对B所作出的"请求"行为就隐含两个前提。前提(1):A相信B将会实施且能够实施她所请求的行为;前提(2):在缺乏请求的条件下,B不会实施这个行为。显然,B对A的"拒绝"行为表明了其与前提(1)之间存在矛盾。亦即,意见分歧产生于A的"请求"行为所隐涵的前提与B的"拒绝"行为之间的矛盾。

　　如例1中的说话者B,论证主体通常不会采取直接表征的方式来进行言说。因而,句子和命题(仍是构成论证的基本单位)之间被认为并不存在一一对应的关系。② 为了找出并确定自然语言所表征的命题,语言学层面的"言语行为"概念被语用语言学派引入论证分析,一种不同于标准逻辑进路的研究起点也随之确立。区别于单主体的独白式观点,自然语言论证被看作发生于会话性语篇的过程。从结构性视角出发,所采取的三则理论假定是:③

　　　　理论假定(1):对会话性语篇进行分析的最小单位是话段(utterance)。
　　　　理论假定(2):话段可被表征为不同种类的言语行为。
　　　　理论假定(3):会话中的话段序列是由规则确定的,且这些规则规定了如何根据给定的言语行为恰当生成有意义的后继行为。

　　为便于讨论,此处将这三则假定呈现为以下图示结构,见图1-5。左侧图框中的"话段"和"话段序列"指的是具有音、形等物理特征的句记(tokens),右侧图框里的"言语行为""言语行为序列"则意指一种采取语言学角度的表征符号。借助萨克斯(H. Sacks)、谢格罗夫(E. A. Schegloff)和杰弗逊(G. Jefferson)等语言学家所提出的话轮转换模型(turn-taking model)及其重要的派生概念"相邻对"(adjacency pair),可以对若干个话段

①　Ibid.
②　F. H. van Eemeren, S. Jackson & S. Jacobs, "Argumentation", in *Discourse Studies: A Multidiciplinary Introduction* (2nd ed.), T. A. van Dijk (ed.), Los Angeles, CA: Sage, 2011, pp. 91-96.
③　S. Jacobs & S. Jackson, "Building a Model of Conversational Argument", in *Rethinking Communication*, B. Dervin, L. Grossberg, B. J. O'Keefe & E. Wartella (eds.), Newbury Park, CA: Sage, 1989, pp. 156-158.

中的惯例性配对(conven-tional pairings)予以刻画。其中,呈现为"相邻前对—相邻后对"结构的惯例性配对主要包括:提问—回答、请求—准予/拒绝、问候—问候、给予—接受/拒绝,等等。于相邻对内部而言,前后对之间的配对关系是由相关的表层规则所约束的。另外,单个的(或基础的)相邻对也可以通过外部扩展而生成更广的结构模式,如可对单个相邻对进行前扩展、后扩展或插入扩展。据此,也就可以得到实际会话中的话段序列。藉由话段与言语行为之间的表征关系,我们便能够相应地分析言语行为及言语行为序列。

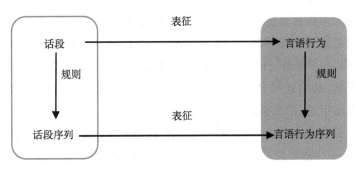

图 1-5　会话性语篇的结构分析

二、会话性论证

与大多数关注结构的论证研究相似,语用语言学派也希望从结构分析的角度刻画自然语言论证。然而,就在其对会话性语篇中的论证进行定义时,便遇到了结构性描述的困难。原因在于,如果仅将会话性论证(conversational argument)看作"相邻对的结构性扩展",将不足以呈现论证的基本属性,即分歧的相关性。由此,功能性因素进入了研究视野。会话性语篇中的自然语言论证被称为"会话性论证",其主要特征是:

特征(1):可将会话性论证看作"相邻对的多种结构性扩展";①
特征(2):相邻对结构的一般特征表现为对共识(agreement)的结构性偏好;②

---

① S. Jackson & S. Jacobs, Structure of Conversational Argument, "Pragmatic Bases for the Enthymeme", *Quarterly Journal of Speech*, Vol. 66, No. 3 (1980), p. 254.

② S. Jacobs & S. Jackson, "Conversational Argument: a Discourse Analytic Approach", in *Advances in Argumentation Theory and Research*, J. R. Cox & C. A. Willard (eds.), Carbondale & Edwardsville: Southern Illinois University Press, 1982, p. 223.

特征(3):在一个偏好共识的规则系统①中,会话性论证表现为一种用以处理分歧(disagreement)的"修复与准备"机制。②

仍旧从结构性视角出发,会话性论证被定义为扩展的相邻对。如前所述,对基础相邻对进行结构性扩展的主要途径包括:前扩展、后扩展和插入扩展。因而,根据相邻对的理论框架,即可生成具有结构性特征的会话性论证。进一步的问题就在于,实施这三种结构性扩展的依据是什么?为此,"共识"这个重要的功能性术语被引入论证分析。该理论认为,根据相邻对结构的一般特征(即对共识的偏好),便可以确定基础相邻对是如何扩展的。因为大多数相邻前对都会对应两个相关的相邻后对,但只有其中的一个相邻后对是更受偏好的。例如,"请求"所对应的相邻后对既可以是"准予",也可以是"拒绝",但只有"准予"是更受偏好的。对"请求"行为而言,准予是正常、显然且符合预期的,因而也是无需解释的。但如果"请求"的回应者表示拒绝,那么就需要作出辩解。③

由于更为偏好共识(agreement),所以基础相邻对的扩展便与分歧(disagreement)密切相关。一方面,扩展一个基础相邻对意味着对正常模式的某种背离,因而分歧就成为相邻对的一小部分可能的异常扩展;另一方面,为了处理分歧,既有的相邻对往往又会进行某种扩展。从功能实现的角度出发,语用语言学派便得以对相邻对的扩展依据问题作出回应。在一个偏好共识的规则系统中,会话性论证表现为一种用以处理分歧的"修复与准备"机制。这也意味着,实施论证和隐涵论证的行为本身都具有一种"分歧相关"的性质。因此,仅当其发挥支持(或反对)某个配对部分的功能,或当其表达为另一个配对部分的分歧时,"理由"才得以成为"论证"。④

在这些论证研究者看来,任何言语行为都有可能涉及分歧,因而对其发挥修复机制的论证也就会随之产生。但是,由于某些特定的言语行为(如请求、抱怨、承诺、给予和建议等)更易于促使听话者表明接受或拒绝的态度,因而这些行为也更易于产生论证。所以,该研究视角下的分歧实际上是

① 此处的"规则"指的是言语行为序列的表层规则。
② S. Jacobs & S. Jackson, "Building a Model of Conversational Argument", in *Rethinking Communication*, B. Dervin, L. Grossberg, B. J. O'Keefe & E. Wartella (eds.), Newbury Park, CA: Sage, 1989, p.158.
③ S. Jacobs & S. Jackson, "Conversational Argument: A Discourse Analytic Approach", in *Advances in Argumentation Theory and Research*, J. R. Cox & C. A. Willard (eds.), Carbondale & Edwardsville: Southern Illinois University Press, 1982, p.223.
④ Ibid.

基于言语行为关系分析的一个功能性概念。① 其中,基于真值的分歧则可视为这个一般性原则的部分有限情形。②

三、结构模型的困境

返观图1-5,不难发现一个关键的结构性问题:话段之间是如何联结的? 根据语用语言学派在理论初创阶段提出的编序规则模型(sequencing rules model),可以考虑先从规则和编序两个角度予以分析。一方面,根据前一小节中第三则理论假定,话段序列是由语言的表层规则确定的。由于这些表层规则可以递归地应用于话段,因而这种提供了生成机制的论证研究进路也就能够对那些具有较高复杂度的会话性论证予以刻画。另一方面,基于相邻对的框架,语用语言学派提供了两种用以描述话段序列的途径。第一种描述途径涉及两个相邻话段,即具有配对关系的两个相邻话段可以被分别指派为"相邻前对"和"相邻后对"。第二种描述途径则关注多个(或两个以上)话段之间的关系。区别于基于序列模型(chain model)的其他研究,语用语言学派可以根据总体阶序(overarching hierarchy)来描述话段间的关系。因此,看似独立的两个话段首先构成一个联结单位,亦即主配对。在这个主配对中,介于前对和后对之间的其他配对即被视为从属配对。③

再从功能实现的角度考虑。根据各从属配对和主相邻对的关系,对主相邻对进行扩展也就意味着参与者可以使用多种可能的策略。例如,通过对主相邻对进行前扩展,我们既可以挖掘相邻前对的分歧观点,也可以为其辩护构造双方所共有的前提。藉由不同形式的结构性扩展,便能够实现不同的论证功能和交际结果。此外,基于相邻对框架的论证研究还可以解释会话性论证的两个主要特征,即合作属性(collaborative character)和最小化表达(minimalist appearance)。④然而,较之于这些显见的描述优势,语用语

---

① 仅当借助言语行为的概念框架,语用语言视角下的论证研究才能对"相邻对的结构性扩展"予以刻画,进而分析日常的会话性论证。

② S. Jacobs & S. Jackson, "Conversational Argument: a Discourse Analytic Approach", in *Advances in Argumentation Theory and Research*, J. R. Cox & C. A. Willard (eds.), Carbondale & Edwardsville: Southern Illinois University Press, 1982, p. 227.

③ S. Jacobs & S. Jackson, "Building a Model of Conversational Argument", in *Rethinking Communication*, B. Dervin, L. Grossberg, B. J. O'Keefe & E. Wartella (eds.), Newbury Park, CA: Sage, 1989, pp. 158-159.

④ S. Jackson & S. Jacobs, "Structure of Conversational Argument: Pragmatic Bases for the Enthymeme", *Quarterly Journal of Speech*, Vol. 66, No. 3 (1980), pp. 251-265. "最小化表达"指的是会话性论证被限制为:(1)仅涉及争议性问题;(2)不使用非必要的证明。

言视角下的论证研究也会面临五个方面的理论困境。①

第一,往往存在多个可以满足相邻前对的融贯回应,但这些回应却不一定都适用于所谓的"相邻后对的范畴"。例如,对于一个作为相邻前对的提问"现在几点了?"而言,其回应可以是:"11 点";或者"大堂里有个钟";或者"我们离开教室的时候是10:45";或者"别着急";或者"我没戴表";或者"三分钟后就上课"。虽然这些表达都是针对提问的融贯回应,但只有第一个回应才能视为"回答"。② 不过,作为结构性框架的相邻对概念却无法对此提供清晰确切的描述途径。

第二,无法提供确定配对的原则性基础。从规范性的角度看,编序规则模型并没有提供相关的一般性原则,进而使分析者根据这些原则来确定应该使用哪些配对。例如,为什么"提问—回答""问候—问候"等相邻对是合理的? 而"提问—准予""问候—拒绝"就是不合理的? 对此,编序规则模型无法提供一个原则性基础以作解释。

第三,无法指出何种类型的话段可以(或不可以)发起一个相邻对。例如,由于声明、承诺和陈述等话段缺乏明晰的条件性关联,因而分析者很难在这些话段的前、后位置识别出能够与之配对的相邻前对(或相邻后对)。

第四,无法确定如何通过结构性扩展以得到从属配对。因为,需要在会话性语篇中确定哪个话段才是最主要的相邻对,而邻近的其他话段却只涉及新发起的主题,这也是编序规则模型难以处理的问题。进而言之,主相邻对的不确定性必将导致从属配对的扩展困难。

第五,将会面临序列扩展的多样性。由于序列扩展本身就是目标开放的(open-ended),因而其扩展所得的模式也就具有不确定性。

以上困难凸显出的一个共同的问题在于,直接对结构性单位进行分析的编序规则模型虽然为结构的融贯性提供了基础,但并不涉及话段的功能特征和解释特征。然而,关于话段间联结的经验性考察已经表明,论证研究不仅需要关注结构,也需要分析功能;不仅需要考察施行(performance),也需要提供解释。为此,语用语言学派主张从言语行为的角度讨论功能性的

---

① S. Jacobs & S. Jackson, "Building a Model of Conversational Argument", in *Rethinking Communication*, B. Dervin, L. Grossberg, B. J. O'Keefe & E. Wartella (eds.), Newbury Park, CA: Sage, 1989, pp. 159-160.

② 如前所述,日常会话中的惯例性相邻对范畴表现为"提问—回答"。因此,只有"11 点"这个回应是符合范畴的适切性要求的。

交际概念。①

四、功能分析的两种进路

在对会话性论证进行功能分析的过程中,语用语言学派主要诉诸"言语行为"和"会话性合作"。② 他们注意到大多数言语行为分析都来源于两个方面:第一,言语行为的惯例性,即适切性条件(felicity conditions);第二,言语行为的合理性,即交际意图(communicative intention)和言外之力(illocutionary force)。沿袭这两种分析传统,该学派首先尝试从言语行为惯例性的角度进行功能分析。③

在使用"适切性条件"这个术语时,语用语言学派使用了既有言语行为理论的分析方法。据此,每个言语行为都与定义该类型的行为以及恰当实施这种行为所需的某个条件集密切相关。所涉及的条件主要包括:命题内容条件、必要条件(essential condition)、真诚条件(sincerity condition)和准备条件(preparatory condition)。命题内容条件反映了说话者表达的事件状态;必要条件指的是说话者在实施这种行为时所表达的意图;真诚条件定义了说话者在实施这种行为时所认可的内心状态;准备条件则描述了实施该行为的惯例性前提。④ 以"承诺"为例,命题内容条件必须表明说话者所给出的一种由其引起的将来事件状态。必要条件是实施这种将来行为(或引起将来事件状态)而承担的义务。真诚条件指说话者认可其将会实施所承诺之事。准备条件包括:说话者原则上能够实施所承诺的行为,说话者有理由实施所承诺的行为以及听话者想让说话者实施所承诺的行为。⑤

毋庸置疑,引入适切性条件在一定程度上有助于解决相邻对分析所面临的问题。第一,于相邻对的内部结构而言,这为解释相邻前对与相邻后对

① S. Jacobs & S. Jackson, "Building a Model of Conversational Argument", in *Rethinking Communication*, B. Dervin, L. Grossberg, B. J. O'Keefe & E. Wartella (eds.), Newbury Park, CA: Sage, 1989, p. 161.

② S. Jackson & S. Jacobs, "Generalizing about Messages: Suggestions for Design and Analysis of Experiments", *Human Communication Research*, Vol. 9, No. 2 (1983), pp. 169-181.

③ S. Jacobs & S. Jackson, "Building a Model of Conversational Argument", in *Rethinking Communication*, B. Dervin, L. Grossberg, B. J. O'Keefe & E. Wartella (eds.), Newbury Park, CA: Sage, 1989, p. 162.

④ J. R. Searle, *Speech Acts: An Essay in the Philosophy of Language*, Cambridge: Cambridge University Press, 1969.

⑤ S. Jacobs & S. Jackson, "Building a Model of Conversational Argument", in *Rethinking Communication*, B. Dervin, L. Grossberg, B. J. O'Keefe & E. Wartella (eds.), Newbury Park, CA: Sage, 1989, p. 162.

之间的联系提供了更具原则性的基础。因为,在满足相关适切性条件的情况下,相邻前对的行为实施便会产生与之对应的相邻后对。第二,对某个融贯对话的提取而言,适切性条件可以提供解释性依据。第三,这个概念有助于确认分歧的基础和论证的相关性。此外,分析适切性条件还有助于识别日常会话中的论证。①

虽然适切性条件在联结结构与功能,以及确定阶序性结构的实质性基础等方面呈现了较强的解释力,但基于相邻对框架的理论困难却仍然存在。我们不妨考虑下述示例性对话,见例2:②

例2:
1　顾客:马沙拉酒烩鸡是怎样的?
2　服务员:抱歉,我们这道菜今晚都卖完了。

从表面上看,例2中的对话似乎构成了"提问—回答"式的相邻对。但如果结合服务员所表达的内容,那么其回应就会显得答非所问。因为,服务员在此给出的话段明显与可以设想的例3有所不同:③

例3:
1　顾客:马沙拉酒烩鸡是怎样的?
2　服务员:这道菜是用鸡胸肉和青椒、蘑菇、马沙拉酒烹制而成的。

从内容的相关性来看,只有例3中服务员对顾客所作的回应才能看作是对其"提问"而给出的"回答",例2中的话段序列实质上并不构成这种"提问—回答"式的相邻对。④ 因此,并不能根据"提问"的适切性条件来分析例2。如果仍旧采取适切性条件角度的分析,另一种类似的处理方法是

---

① S. Jacobs & S. Jackson, "Building a Model of Conversational Argument", in *Rethinking Communication*, B. Dervin, L. Grossberg, B. J. O'Keefe & E. Wartella (eds.), Newbury Park, CA: Sage, 1989, p. 163.
② S. Jacobs & S. Jackson, "Building a Model of Conversational Argument", in *Rethinking Communication*, B. Dervin, L. Grossberg, B. J. O'Keefe & E. Wartella (eds.), Newbury Park, CA: Sage, 1989, pp. 163-164.
③ 为了便于呈现并比较语用——语言视角下的分析结果,本小节将相关讨论重新表征为与例2相似的话轮形式,见例3、例4、例5和例6。
④ 在例2中,服务员并不是根据"提问"的适切性条件来回答顾客的。

把对话看作"请求—拒绝"相邻对。由于服务员可以预估到顾客想点这道菜，因而可以考虑将例2中的对话看作例4的一种缩略形式：

例4：
1　顾客：马沙拉酒烩鸡是怎样的？
2　服务员：这道菜是用鸡胸肉和青椒、蘑菇、马沙拉酒烹制而成的。
3　顾客：我想来一份。
4　服务员：抱歉，我们这道菜今晚都卖完了。

顾客在例4的话轮3中似乎以"我想来一份"来标示自己的请求行为。因而，他在此之前说出的话段"马沙拉酒烩鸡是怎样的？"可以视为一种"间接请求"。但是，这种分析实际上也是有问题的。与上文引入例3的参照性方法相似，我们也可以借助例5的情况来考察例4：

例5：
1　顾客：马沙拉酒烩鸡是怎样的？
2　服务员：这道菜是用鸡胸肉和青椒、蘑菇、马沙拉酒烹制而成的。
3　顾客：我想来一份。
4　服务员：好的。

在例5的话轮3和话轮4中，顾客以"我想来一份"来标示请求行为，而服务员则以"好的"表示允诺。所以，如果实际的会话省略了话轮2和话轮3，那么该例中的话轮1和话轮4即可看作一种"（间接）请求—允诺"结构。相较而言，我们可以设想的另一种相反的情况则是"间接请求—拒绝"结构（见例6）：

例6：
1　顾客：马沙拉酒烩鸡是怎样的？
2　服务员：这道菜是用鸡胸肉和青椒、蘑菇、马沙拉酒烹制而成的。
3　顾客：我想来一份。
4　服务员：不行。

　　显然,例4中的话轮4与例6中突兀生硬的拒绝是不一样的。亦即,例4中的话轮1和话轮4之间并不存在"间接请求–拒绝"结构。同时,我们也不难看出,服务员实际上并没有拒绝请求,他只是为顾客的点餐决策排除了一个选项。所以,我们也就不能根据"请求"的适切性条件来分析例4。

　　综上,无论是诉诸"提问"还是"请求"的适切性条件,都无法对例2中服务员的回应作出恰当分析。由此可见,这种基于适切性条件的惯例考察与编序规则进路实质上也并无二致。究其原因,适切性条件的确定需要依赖于言语行为的范畴。① 但显然,参与主体通常并不会根据特定言语行为的种类而进行意义解释或话语回应。② 换言之,在考虑语篇中各话段之间的联结方式时,如果我们对每个话段所表征的言语行为都进行惯例层面的范畴归属操作,那么最终也无助于展示语篇的会话性结构。

　　事实上,服务员在例2中的回应仅表明,顾客在点餐的决策过程中不需要考虑马沙拉酒烩鸡这道菜。换言之,服务员只是为顾客的点餐决策提供了部分计划。语用语言学派认为,由惯例性进路产生的问题可以通过分析参与者的目标和计划来解决。一方面,通过引入"社会性合作(social cooperation)",该理论对会话进行重新定义,即主张把会话看作两个(或两个以上)参与者进行计划调整与意义商定的过程,而不是规则使用的结果。另一方面,通过引入"合理的"分析框架,强调了言语行为的目标结构。亦即,在解决问题的过程中,参与者根据合作行为和实践推理的原则,生成并推知实现其目标的途径。据此,言语行为即是实现这些目标的惯例性途径。③

　　合理性模型似乎舍弃了之前的"规则"概念,但其实基于这一模型的概念机制不仅没有替代(或否认)约束言语行为的规则,而且在一个由目标和行为的合理估算所构建的理论框架下,对其重新进行概念化。因为,惯例性视角下的言语行为规则是用来生成扩展的相邻对的。但从合理性的视角出发,言语行为规则即被看作"对意图、信念和假设所构成的语境的定义"。需要强调的是,这些规则是与特定目标的实现途径相关的。与之相似,适切

---

① S. Jacobs & S. Jackson, "Building a Model of Conversational Argument", in *Rethinking Communication*, B. Dervin, L. Grossberg, B. J. O'Keefe & E. Wartella (eds.), Newbury Park, CA: Sage, 1989, p. 163.

② 例如,塞尔将言语行为归入五个范畴,即声明性(assertive)、指令性(directives)、表态性(comissive)、宣布性(declarations)和表达性(expressive)范畴。

③ S. Jacobs & S. Jackson, "Building a Model of Conversational Argument", in *Rethinking Communication*, B. Dervin, L. Grossberg, B. J. O'Keefe & E. Wartella (eds.), Newbury Park, CA: Sage, 1989, pp. 163-165.

性条件的分析也出现了相应的变化。根据早期的惯例性视角,适切性条件被视为恰当实施某行为的惯例性要求;但在合理性视角下,这些条件被定义为"实现某目标的合理前提",见表1-7。① 因此,可能出现如下情况:根据惯例性视角下的适切性条件,某行为被视为错误的,但根据目标结构框架,该行为会被评价为恰当的。

表1-7　言语行为的惯例性与合理性视角分析

影响因素	惯例性视角	合理性视角
言语行为规则	用以生成扩展的相邻对	(1)对"信念/需要语境"所作的定义 (2)与特定目标的实现途径相关
适切性条件	恰当实施某行为的惯例性要求	实现某目标的合理前提

　　更为重要的是,合理性视角下的论证分析还能够处理惯例性视角所面临的几个棘手的问题。② 第一,扩展相邻对所提供的标准化描述途径。在互动过程中,首先有一方先行发起某个交际目标,继而另一方会以促成(或阻碍)该目标实现的方式作出回应。例如,请求行为的发起者所持有的目标是使听话者施行某个行为,而听话者则以准予的方式承诺目标的达成或以拒绝的方式否认目标的实现。在这种情况下,相邻对框架就为交际目标的发起与实现等问题提供了一个标准化的描述途径。但我们也不难发现,在这种标准化的途径之外,也仍然存在多种能够处理交际目标等相关问题的途径。例如,前文所提及的"大堂里有个钟",或者"我们离开教室的时候是10:45",或者"别着急"等回应都可以作为"现在几点了?"的融贯回应。虽然这些回应并不能构成"提问—回答"的相邻对结构,但从处理"提问"目标的角度看,这些回应方式都是获取时间信息(即该提问的目标)的有效途径。

　　第二,能够解释为何某些行为可以(或不可以)发起相邻对。例如,为

① S. Jacobs & S. Jackson, " Building a Model of Conversational Argument ", in *Rethinking Communication*, B. Dervin, L. Grossberg, B. J. O' Keefe & E. Wartella (eds.), Newbury Park, CA: Sage, 1989, p. 165.

② S. Jacobs & S. Jackson, " Building a Model of Conversational Argument ", in *Rethinking Communication*, B. Dervin, L. Grossberg, B. J. O' Keefe & E. Wartella (eds.), Newbury Park, CA: Sage, 1989, pp. 166-167.

了满足声明性言语行为的交际目标,听话者的回应方式仅限于那些不会与之矛盾的言语行为。

第三,能够处理相邻对的序列扩展特征。在会话性语篇中,每个话段都需要在主行为序列的结构性环境中进行考察。亦即,针对特定的交际计划,话段是为有效施行较高阶的行为而构建(或取消)的某个必要前提。

第四,能够解释多种扩展形式的融贯性。通过考察行为的会话目标,相邻对的多种融贯的扩展便也得以解释。

第五,能够呈现之前忽视的会话性论证的特征。例如,现有的论证理论通常主张把论证的属性归之于某种行为的范畴。在多种决策语境中,论证往往被看作由广义的断言句所构成。然而,通过讨论第三方调解的语境,一般调解者所寻求的"共识空间"可将论证归入表达性言语行为的类别。这也就意味着,分析会话性论证的基本构成单位已不再局限于广义的断言性言语行为。由于断言性言语行为仅涉及某种事件状态(可以证明为真或假),所以该角度的分析也就扩展了会话性论证的研究视域。

第六,能够更深入地揭示会话性论证所涉及的言语行为等问题。亦即,在呈现言语行为所涉范围的基础上,该角度的分析还能够进一步讨论言语行为所从属的种类。

综上,较之于言语行为的惯例性分析,合理性视角下的研究主要体现出三个特征。首先,通过强调意图、目标等因素的重要性,修正模型引入了一个更基本的分析框架,即"目标—途径"框架。其次,藉由社会性合作概念,修正模型将会话性论证看作主体间的互动过程,而不是受表层规则约束而产生的结果。最后,扩展了规则的定义范围。修正模型不再将规则局限为约束相邻对的表层规则,而将其扩展为基于目标的功能原则及实践推理的原则。

五、基于合理性模型的规范语用学分析

把握真实争论中的真实讯息(real messages)被认为是当前西方论证研究最关键的问题。从语用语言的角度看,通过以合理方式满足某种需求,论证性语篇的功能是在争论语境中达成共识,而论证所达成的共识就是讯息(又称"策略设计")。因此,论证性讯息(argumentative messages)是实现论证性语篇功能的载体。①

---

① S. Jacobs, "Rhetoric and Dialectic from the Standpoint of Normative Pragmatics", *Argumentation*, Vol. 14, No. 3 (2000), pp. 263-274.

论证性讯息具有两点特征。其一,作为一种用于说服的功能理性(functional rationale),它是预期说服效果的合理展示;其二,不同于通过句法、语义规则确定的命题意义,讯息是在交际中通过复合的推理构建而产生的,具有交际意义(communicative meaning)。总而言之,讯息意义是基于所言(what was said)、言说方式、言说时间、言说者与被言说者等因素,由参与者进行推理构建的复合意义。①

语用语言学派主张采用规范语用学(Normative Pragmatics)的方法,兼顾修辞进路和论辩进路的特征,从而揭示论证性讯息的说服功能。② 主要原因是:一方面,如果只采取修辞进路,就会使关注情境恰当性的论证评价还原为过于简单的取效性问题,如仅诉诸公众意见;另一方面,如果只采取论辩进路,就会使关注说服条件的论证评价还原为依赖理想模型的合理性问题,从而难以处理竞争性情境的需求。从规范语用学的角度看,论证是一种自我调节行动,其效用在于增加(或减少)可接受性条件。论证性语篇的功能不仅在于说服受众,也包括鼓励自愿自由、深入开放、公平公正、深思熟虑以及合理反思的互动行为。③

为了限制修辞进路引入的意图、兴趣等因素,规范语用学认为不应将论证的取效性归结为其中一方对某个主张的接受性,或双方对某个主张的可接受性所达成的共识,而提出"论证的取效性依赖于参与者是否'应该合理地'接受(或拒绝)某个主张"。为了处理论辩进路面临的理论问题,论证评价被扩充为三个方面:第一,兼顾一般范式和可用策略;第二,兼顾推理图式和制度性实践;第三,注重考察语境因素,包括信息、想象与时间、动机、社会性指派,等等。④

第五节　趋势与局限

本章旨在探讨西方论证理论如何在论证分析与评价中引入主体因素、社会因素和语境因素。通过重点梳理西欧和北美的两大论证研究流派(即语用论辩学派和语用语言学派),发现了一个颇具方法论意义的趋向性问

---

① Ibid.

② S. Jacobs, "An Application of Normative Pragmatics", *Informal Logic*, Vol. 36, No. 2(2016), p. 186.

③ S. Jacobs, "Rhetoric and Dialectic from the Standpoint of Normative Pragmatics", *Argumentation*, Vol. 14, No. 3 (2000), pp. 263-274.

④ S. Jacobs, "Rhetoric and Dialectic from the Standpoint of Normative Pragmatics", *Argumentation*, Vol. 14, No. 3 (2000), pp. 263-274.

题:论辩分析、言语行为分析、惯例分析、语篇分析和功能分析等多种方法的出现,表明这些坚持理性主义传统的主流论证理论更加关注具体的论证实践,而力图表征更符合真实情形的论证特征并转变单一的规范性研究范式。

功能分析方法似乎开启了一种显著区别于既往结构化研究的新路径。通过引入功能维度,论证被语用语言学派视为具有共识偏好的属性。从生成机制的角度看,论证产生于无法达成共识(即出现分歧)之处,会话性论证被定义为一种用以处理分歧的修复与准备机制。因强调论证的分歧相关特征,这种分析方式不仅突破了语句形式和命题意义的局限,而且拓宽了论证实践的研究视域,使之不再受限于判决、审议等说服特征显著的论证实践,而也包括请求、抱怨等非典型互动。

由于编序规则模型遇到了经验层面上的大量异常现象,言语行为理论中的功能概念被整合进结构性模型。沿用大多数言语行为理论的研究范式,语用语言视角下的功能分析首先从惯例性角度讨论了言语行为的适切性条件。不过适切性条件的确定依赖于言语行为范畴,而行为范畴的归属本身就是一种有问题的操作。因而,采取惯例性角度的功能分析只能就此弃用,解决方法是诉诸言语行为的合理性。修正的结构模型对言语行为予以重新解释,但这个新模型并未舍弃言语行为的配对观念。

早期编序规则模型把相邻对看作结构性规则,而之后的合理性模型挖掘了更深层的功能原则。前者关注言语行为序列的表层规则,后者引入了言语行为的施行与行为类型解释的规则。在保留原有概念和原则的基础之上,合理性模型从社会合作原则的角度重新解释了表达的惯例形式和互动的惯例模式,强调参与者的目标、途径和实践推理的原则,从而扩展了规则的定义范围。① 近年来,论证的功能分析主要体现为与交际理论相结合的论证性讯息分析。论证性讯息的功能是合理展示预期的说服效果,它的意义并不是由句子直接抽象得出的命题意义,而是由参与主体对所言、言说方式、言说时间、言说者和被言说者等因素采取复合推理的方式构建出来的。

总而言之,在实证研究的驱动下实施的功能分析,表明当代西方论证理论在摆脱结构依赖性问题上做出了多种颇具方法论价值的拓展性及修正性工作。然而,正如形式论辩术的讨论起点受限于反对者的让步集,非形式逻辑附属的论辩因素受限于推论性核心之外,语用论辩学和规范语用学所采取的语境分析受限于西方主流机构(即前述"制度性语境"),这几种功能分

① S. Jacobs & S. Jackson, "Building a Model of Conversational Argument", in *Rethinking Communication*, B. Dervin, L. Grossberg, B. J. O'Keefe & E. Wartella (eds.), Newbury Park, CA: Sage, 1989, pp. 151-167.

析程序也受限于特定的交际模型,如分歧解决模型、编序规则模型或合理性模型。根据这些交际模型,论证实践的参与主体都是具有批判性的理性行动者。他们具备清晰的论辩意识,享有普遍的合理性标准,能够采用符合现代西方社会公共标准的模型、规则或准则进行相关的实践推理。但关键问题在于,这些适用于西方社会的标准和方法,是否也同样适用于分析非西方社会的赞德说理活动?

第二章 广义论证理论与研究程序

针对西方论证理论在摆脱结构依赖性方面的困难,本章尝试引入广义论证理论。① 根据语境原则和本土化原则,广义论证理论主张论证研究的社会文化解释途径。区别于建立在言语行为和交际模型基础之上的西方论证理论,广义论证理论所采取的社会化研究进路将在可变的社会文化语境中,识别并解释具有说理功能的规则与结构,进而实施一种更具有语境敏感性的功能分析。

第一节 广义论证理论

一、论 证 定 义

广义论证指的是,某一社会文化群体的成员,在语境下依据合乎其所属社会文化群体规范的规则生成的语篇行动序列,其目标是形成具有约束力的一致结论。② 从表面上看,该定义对主体因素、社会因素和语境因素的关注与当代西方论证理论似乎并无二致。但事实上,广义论证理论采取了与其迥异的研究起点和方法论原则。

首先,采取两条基础原则,分别为语境原则和本土化原则。语境原则是:自然语言在使用过程中随语境而变动,其变动不服从固定的规则,开放且具语境敏感性。导致语言具有语境敏感性的原因是,使用语言的社会文化背景下的社会互动。本土化原则是:某种文化的论证规则和结构只能用该文化的规范来描述,而不能用另一种文化的规范来描述。原因在于,论证具有文化相对性(表现为语境敏感性),社会互动是在一定的社会文化群体中发生的。③ 简而言之,语境原则允许讨论规则存在可变性,而本土化原则强调作为社会互动的论证具有文化相对性。

这两条原则都显著区别于当代西方论证研究采取的理论基础。如前所述,无论是会话性语境还是制度性语境,以非形式逻辑、形式论辩术和语用

---

① 鞠实儿:《广义论证的理论与方法》,《逻辑学研究》2020年第1期。
② 鞠实儿:《广义论证的理论与方法》,《逻辑学研究》2020年第1期,第8页。
③ 鞠实儿:《广义论证的理论与方法》,《逻辑学研究》2020年第1期,第6页。

论辩学为代表的西方论证理论都倾向从类型化的角度分析固定语境中的命题或论证步骤,而不考虑语境的动态变化及其对论证进程的影响。同时,形式论辩术使用的"讨论规则"和语用论辩学使用的"一般讨论规则"都强调约束主体行动步骤的规则应当具备不可改变的普遍特征,这与其关于合理性的理论要求也是一致的。例如,当代西方论证学者认为论证的目的是:使论点被理性裁判者所接受,从而消解意见分歧。① 理性裁判者指的是能够排除本能、直觉、天性和情感的影响,从批判角度合理做出判断的人。通过理性裁判者确定的合理性评价,这些主流的西方论证理论替代了经典逻辑所采取的形式有效性标准,但也同样采取了另一种依赖于西方主流社会文化群体的普遍标准。如果探讨不同社会文化群体或主流文化中非主流分支的论证实践,就需要采用这类普遍标准对他文化的论证方式进行重构。这也意味着,西方论证理论的合理性观念并不能涵盖论证的文化多样性。②

其次,主张采取论证研究的社会文化解释途径,简称"社会化"。根据前述两条原则,广义论证理论提出:在社会文化群体成员间的社会互动中考察论证;在变动的社会文化语境中分析和解释论证这类社会互动的规则和结构;揭示论证在生活世界中的本来面貌;建立既容纳文化多样性,又允许语境敏感性的论证理论。值得注意的是,此处论证研究的社会化将显著地区别于以言语行为为基础的西方论证分析(见第一章第一节)。关键原因在于,采取这种社会文化解释途径的论证研究既不依赖于归属到特定范畴的言语行为类型(如语用论辩学),也不受限于特定言语行为的适切性条件或符合普遍合理原则的言语行为配对(如规范语用学)。

从方法论性质上看,当代西方论证理论实施的论证分析是基于外部客位(etic)视角的规范性及证实性研究,而采取社会文化解释途径的论证解释则是基于内部主位(emic)视角的描述性及探索性研究。鉴于论证规则的语境敏感性、语言表达形式和合理性概念等方面的原因,广义论证理论提出:由于当代西方论证理论并不能为建立更具包容性的论证理论提供基础,因而主张延展论证概念的内涵,以期克服形式逻辑和主流论证理论的局限。根据维特根斯坦③关于语言游戏的分类标准,广义论证理论将论证规则分为两类:一类是被明确表述并使用的规则,如形式逻辑、语用论辩学等;另一类是未被明确表述,但在论证活动中被论证者习得的规则,如阿赞德人和中

---

① F. H. van Eemeren et al., *Handbook of Argumentation Theory*, Dordrecht: Springer, 2014, pp. 2-7.

② 鞠实儿:《广义论证的理论与方法》,《逻辑学研究》2020 年第 1 期,第 9 页。

③ L. Wittgenstein, *Philosophical Investigations*, Oxford: Basil Blackwell, 1953, p. 54.

国春秋时期政治家采取的不同形式的说服活动。相应地,由这两类论证规则控制的广义论证也被划分为两种类型。广义论证理论主张从规范制约的社会互动角度描述论证实践。其中,对于第二类规则控制的论证,实施广义论证研究程序进行"直接社会化"描述。① 例如,鞠实儿、何杨(2014)②和Ju、Chen、He(2021)③从文化背景、社会语境和社会规范等方面描述了春秋时期的赋诗论证活动,进而揭示了控制赋诗论证的规则及相关的社会规范。

二、功 能 分 析

从广义论证理论的角度看,语篇在整体上是具有说理功能的。作为语篇行动序列,论证指的是在变动语境下实施的、具有不同功能的、相互有关联的、时间上相续的多功能语篇复合体。较之于西方论证理论,广义论证理论中的功能分析主要有以下特征:④

第一,构成论证的单位是语篇行动,而不是抽象的命题,更不是类型化的言语行为。针对整体语篇的说理功能,每个语篇行动也都分别实现相应的功能,如允诺、声明或要求。构成语篇行动序列的语篇行动被称为"子语篇",排位为 n 的语篇行动被称为"第 n 步语篇行动"。从语篇行动功能的角度看,每一个语篇行动都会引起语境的变化。这既为下一步行动提供新语境,也为论证者使用不同功能的语篇来实现最终的说理功能提供了动态的认知条件。

第二,不预设语篇行动与其功能之间存在一一对应关系。一方面,由于同一个语篇在不同语境中可以有不同的使用方式或发挥不同的功能,因而语篇的意义具有变异性。另一方面,不同的语篇在相同语境下也可以实现同一种功能,所以具有某一功能的语篇也是变异体。取消语篇与功能之间的一一对应关系意味着,消除了语言形式结构(如言语行为配对)、话语模型(如分歧解决模型、合理性模型)与语篇行动功能之间的强关联,从而有助于在元方法层面上解决第二章所关注的结构化难题,实施一种更为彻底的功能分析。

第三,语篇行动功能具有开放性和语境依赖性。如前所述,整体的语篇

---

① 鞠实儿:《广义论证的理论与方法》,《逻辑学研究》2020 年第 1 期,第 10 页。
② 鞠实儿、何杨:《基于广义论证的中国古代逻辑研究——以春秋赋诗论证为例》,《哲学研究》2014 年第 1 期。
③ S. Ju, Z. Chen & Y. He, Political Argumentation by Reciting Poems in the Spring and Autumn Period of Ancient China, *Argumentation*, Vol. 35, No. 4(2021), pp. 9-33.
④ 鞠实儿:《广义论证的理论与方法》,《逻辑学研究》2020 年第 1 期,第 10 页。

具有说理功能,而构成整体语篇的若干个子语篇所具有的功能并不是恒定不变的。子语篇都是依据规范而生成的社会行动,其功能依赖于论证者的子目标和可变语境等因素,因而不能根据某种固定的模型(如分歧解决模型)为其预先指派分析程序。从元方法特征的角度看,西方论证理论采取的是实证范式,而广义论证理论采取的是诠释范式。前者通常先基于模型提出假设,再通过采集经验数据来检验假设,并判定数据是否能支持假设,如语用论辩理论近年来开展的以定型(stereotypical)论证模式研究为核心的经验性工作;后者强调从内部的主位视角理解行动者,关注论证主体在本土说理语境中所实施的语篇行动的意义,重视序列性语篇行动的识别和解释。

第二节　广义论证理论的研究程序

一、论证的功能结构分析

扩展的广义论证理论①强调,广义论证是在变动语境下,为实现说理目的而实施的语篇行动序列。在论证语篇行动生成的过程中,论证者根据所接受的信息和互动目标设想论证进程,旨在实现论证整体的说服功能。由语篇序列构成的广义论证基本结构的获取程序是:②

(1)在给定语境下,社会成员产生分歧且有意建构具有说理功能的语篇,由此论证开始。

(2)某论证者(说者)依据其所处语境,按照论证语篇功能规则生成将要实施的论证语篇行动的功能。

(3)依据论证语篇表达规则生成具有上述功能的语篇;然后,实施语篇行动。

(4)听者依据论证语境理解原则理解说者给出的语篇行动以及其他伴随效应,修改其原有的语境。然后,本轮听者改变身份为说者,随

---

① 区别于早期的广义论证理论,扩展的广义论证理论指的是《广义论证的理论与方法》。二者的主要区别在于:第一,扩展理论用语篇行动序列概念取代了起初的语言博弈概念;第二,用行动序列分析取代了传统的前提—结论分析;第三,用"形成具有约束力的一致结论"取代了"拒绝和接受某结论",将搁置分歧(而不是解决分歧)引入论证研究范畴。因此,扩展的广义论证理论具备更强的包容性和开放性。

② 鞠实儿:《广义论证的理论与方法》,《逻辑学研究》2020年第1期,第11—14页。

同新语境返回程序(2)。

$\vdots$
$\vdots$

(n)结束,实现说理或论证者终止论证。

　　以上操作步骤可以表示为广义论证基本结构图,见图2-1。首先,论证是从论证者1所处的语境1.1开始的。伴随主体间的交流,论证者1的语境依次变化为语境1.2、语境1.3,等等。相似地,论证者2所处的语境也会出现相继的改变。其次,在每个语境中,论证者都会根据相应的论证功能规则采取语篇行动,使之实现针对某个子目标的语篇功能。例如,在语境1.1中,论证者1根据论证功能规则1.1来采取语篇行动,使之实现语篇功能1.1。同时,根据论证表达规则1.1,语篇功能1.1又表征为语篇表达1.1。最后,作为听者的另一个论证者根据语境理解规则,生成或修改己方的原有语境。至此步骤,单个轮次的论证步骤完成,听者和说者的论证角色互换并进入下一个轮次的交流。例如,在论证者2根据语境理解规则2.1,生成其初始语境2.1的时候,其听者角色转变为说者角色,由此进入第二轮的说理。①

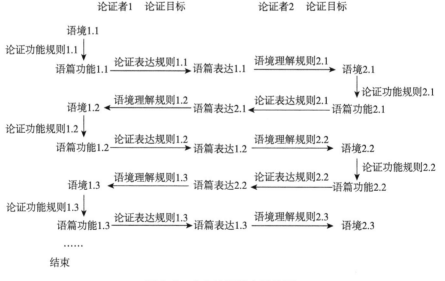

图2-1　广义论证基本结构图

---

①　鞠实儿:《广义论证的理论与方法》,《逻辑学研究》2020年第1期,第14页。

　　在上述语篇行动序列的形成过程中,论证者使用了功能规则、表达规则和理解规则这三种论证规则。功能规则指的是,论证者为了实现论证目标,采取具备某种功能的语篇行动时所遵循的社会规范。表达规则指的是,论证者在进行语篇选择时所遵循的社会规范。理解规则指的是,论证者在理解语篇、更新认知语境时所遵循的语言表达和思维方式方面的社会规范。

　　在可变的认知语境中,由于论证者会预先设想或出于权宜而采取某个(或某些)语篇行动,以期达成阶段性的子目标或实现某种功能。因而,作为语篇行动序列的整个论证被划分为针对若干个子目标的功能块。广义论证理论将这一划分所遵循的社会规范称为"分块规则"。通过划分功能块,构成完整论证的语篇行动序列便被表征为功能块序列,又被称作"二阶论证序列"。进一步地,二阶序列的成员仍有可能被划分为若干个阶段,升阶为三阶论证序列。重复这样的升阶操作,直至整个论证序列被穷举为止。由此,广义论证理论可以讨论:在给定语境下,约束 N 阶论证序列分块的规则。一个 N 阶论证系统可以表示为广义论证基本结构分层图,见图 2-2。[①]

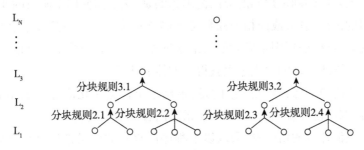

图 2-2　广义论证基本结构分层图

二、论证的本土化研究程序

　　根据本土化原则(见本章第一节的第一小节),广义论证的研究程序包括如下六个阶段:第一阶段,搜集论证相关的社会文化背景信息;第二阶段,开展论证的田野调查;第三阶段,分析数据并提取候选规则;第四阶段,辩护或解释候选规则;第五阶段,确定规则的应用范围;第六阶段,修正规则。[②]

　　第一阶段的搜集社会文化背景信息意指,描述某文化中与说理相关的生活习俗、语言特点、社会制度、政治制度、民间信仰、地方性知识等。

---

① 鞠实儿:《广义论证的理论与方法》,《逻辑学研究》2020 年第 1 期,第 15 页。
② 鞠实儿:《广义论证的理论与方法》,《逻辑学研究》2020 年第 1 期,第 18—21 页。

第二阶段的田野调查意指,长时间、全方位地在驻地与研究对象互动,尽可能地获得关于环境、困难、背景、语言、仪式、社会关系和历史等第一手资料。其中,关于历史的第一手资料包括:历史档案、文献、数据、原始记录、口述史料和考古发现等。

第三阶段的数据分析包括:其一,确定引发论证的问题、语境和论证者的出发立场;其二,将音像材料或历史数据转写成语篇序列;其三,根据广义论证结构图和分层图的要求,指出论证者在何种语境下使用何种功能的行动。提取候选规则主要是指,在一阶论证序列分析的层面上,发现不同语境下语篇行动相应的功能规则、表达规则。在高阶论证序列分析的层面上,区分出实现阶段性功能或论证子目标的语篇块,进而考察这类分块所遵循的社会规范,即论证分块规则或论证策略。

第四阶段的辩护或解释候选规则是指,从社会文化背景、具体语境和田野资料出发,根据论证研究的本土化原则和语境原则,揭示候选规则的文化蕴含和预设,并采用文化背景对其进行解释。

第五阶段的确定规则的应用范围指的是,按照前面四个阶段的要求,寻找类似的论证案例,或向相关社会文化群体直接展示上一阶段中已辩护的论证规则、再按照规则生成完整的论证过程。一旦获得成功的例证,即可确认论证规则或论证的生成过程获得该群体的认可。

第六阶段的修正规则[1]指的是,根据本土社会文化语境和主体的认知语境等,调适论证规则的组合形式、讯息内容或叙事类型等。

从论证评价的角度看,采取以上程序所得到的广义论证是具有局部合理性的。[2]一个局部合理的广义论证即在变动语境下形成的具有逼迫性的多功能语篇复合体。一方面,作为某社会文化群体共享的社会规范在社会互动中的具体体现,论证规则展示了该社会文化群体的文化特性,在该文化中发挥协调意见、达成共识的作用,并为该文化群体所接受,进而相对于该文化具有局部合理性。另一方面,由于每一个语篇都是依据规范而生成的社会行动,其结论同样是依据社会规范得出的。因而,论证在论证者所属的社会文化群体内具有逼迫性或社会必然性,逻辑必然性只是这种逼迫性的一种形式。

---

①　鞠实儿:《广义论证理论在传播学中的应用》,《湖北大学学报(哲学社会科学版)》2023 年第 4 期,第 151 页。

②　鞠实儿:《广义论证的理论与方法》,《逻辑学研究》2020 年第 1 期,第 8 页。

第三节　基于广义论证的赞德论证模式研究

从广义论证的理论视角出发,以下将根据赞德本土知识来解释赞德社会中具有说理功能的实践活动。概言之,本书所讨论的赞德部落主要是指处于 20 世纪 20—30 年代的一个由尼罗—刚果分水岭上的黑人民族所形成的非洲"前文明"社会,该社会中的成员被称为"阿赞德人"。彼时的阿赞德人主要以耕耘土地,捕杀动物和鱼类,采集野果、根茎和昆虫为生。由于其基本的生存需要,他们也长于制作陶、瓦等手工艺品。在这些与耕种、狩猎、制陶等有关的日常生活中,赞德部落往往充斥着巫术、神谕与魔法等特色鲜明的文化现象。从这个角度看,20 世纪 30 年代以前的赞德部落集中表现出一种远离西方文明的非洲文化特征。[1]

首先,本书将扩充以往的文献基础。根据广义论证理论,对于任何涉及阿赞德人实现说理功能的讨论,都将其列入研究赞德论证模式的文献基础。作为一种社会活动,赞德社会的广义论证涉及文化背景、主要信仰和社会结构等多个方面。因而,笔者拟予考察的文献不局限于有关巫术物质遗传性(或巫师认定)的几页讨论,而应拓展至以下几个方面。

(1)一手素材

埃文思-普理查德所著的《阿赞德人的巫术、神谕和魔法》和发表于《苏丹札记》上的《阿赞德人的神谕—巫术》是本书最重要的一手文献。虽然这两份材料在某些表述上存在差异,[2]但它们对阿赞德人解释巫术和请教神谕等基本事实所作的描述却是一致的。所以,笔者首先仍将二者列入本书的核心考察范围之内。

其次,埃文思-普理查德的《阿赞德人:历史与政治制度》一书和发表于《西南人类学杂志》上的《阿赞德人的氏族统治起源》主要涉及酋长国的基本特征、氏族的命名方式和氏族成员如何建立自己的权威,等等。[3] 虽然这

---

[1] E. E. Evans-Pritchard, *Witchcraft, Oracles and Magic among the Azande*, Oxford: Clarendon Press, 1937, pp. 13 - 20; P. Baxter & A. Butt, *The Azande, and Related Peoples of the Anglo-Egyptian Sudan and Belgian Congo*, London: International African Institute, 1953. pp. 11-19.

[2] E. E. Evans-Pritchard, *Witchcraft, Oracles and Magic among the Azande*, Oxford: Clarendon Press, 1937, p. ix.

[3] E. E. Evans - Pritchard, *The Azande: History and Political Institutions*, Oxford: Clarendon Press, 1971; E. E. Evans - Pritchard, The Origin of the Ruling Clan of the Azande, "*Southwestern Journal of Anthropology*", Vol. 13, No. 4 (1957), pp. 322-343.

些内容和本书拟予讨论的核心问题并无过多的直接联系,但出于对赞德社会与文化的整体把握,笔者亦有必要对其作出分析、探讨与梳理。

作为一本基于长达20个月的参与式调查而写成的民族志,《阿赞德人的巫术、神谕和魔法》被认为是其所处时代的人类学经典之作。由于深受布朗的研究范式影响,埃文思-普理查德也采取了依据社会框架进行系统描述的研究方法,尽可能地避免了碎片式的片面记载和理论建构的先在歪曲。① 根据他所采取的"结构—功能"分析范式,以《阿赞德人:历史与政治制度》为背景,普理查德考察阿赞德人的信仰体系,从而把握其特有的思想趋向与实践方式。

另外,为了避免碎片式的事实描述,考察诸种事实中所蕴含的普遍性,进而揭示阿赞德人的信念与思想,《阿赞德人的巫术、神谕和魔法》并没有以描述一个个具体事实的方式进行写作,而是采取了一种全景式的叙述手法,从整体上呈现了阿赞德人思想和行动的普遍事实。基于这一叙述模式,本书也可以直接得到有关赞德思想或实践的一般事实。②《阿赞德人的神谕—巫术》一文则旨在描述阿赞德人的神谕系统,展现他们如何使用神谕机制来支持信仰并实践于(有用的)社会过程之中。其中,埃文思-普理查德着重讨论了请教毒药神谕的基本程序及其社会功能。③

再者,雷诺兹(H. Reynolds)在1904年发表的《刚果的赞德部落札记》和菲利普斯(J. E. T. Philipps)于1926年刊出的《赤道非洲的阿赞德人之宗教面面观》,分别从地理、语言、耕种、防御、最高神(supreme being)、灵魂(souls)和死亡等方面介绍了赞德部落的基本情况。④

最后,施韦因富特(G. Schweinfurth)早在19世纪也以旅游见闻的体例叙述了他作为植物学家所见的赞德地区之地理水文、人种体貌和衣饰饮食等状况(1868—1871年)。⑤ 1982年,比蒂(J. Beattie)介绍了辛格(A. Singer)等人在20世纪80年代重返赞德部落的见闻。他们发现,直至彼时,

---

① 翁乃群:《埃文思-普理查德的学术轨迹(代译序)》,载[英]E. E. 埃文思-普理查德:《阿赞德人的巫术、神谕和魔法》,商务印书馆2010年版,第6—7页。
② E. E. Evans-Pritchard, *Witchcraft, Oracles and Magic among the Azande*, Oxford: Clarendon Press, 1937, pp.4-5.
③ E. E. Evans-Pritchard, "Oracle-magic of the Azande", *Sudan Notes and Records*, Vol. 11 (1928), pp.1-53.
④ H. Reynolds, "Notes on the Azande Tribe of the Congo", *Journal of the Royal African Society*, Vol. 3, No.11 (1904), pp.238-246; J. E. T. Philipps, "Observations on Some Aspects of Religion among the Azande ("Niam-Niam") of Equatorial Africa", *The Journal of the Royal Anthropological Institute of Great Britain and Ireland*, Vol. 56 (1926), pp.171-187.
⑤ G. Schweinfurth, *The Heart of Africa*, Montana: Kessinger Publishing, 2011.

阿赞德人仍然使用毒药神谕、白蚁神谕和摩擦木板神谕来处理相似的疑问或纠纷。[①] 2000 年,布莱克伍德(E. Blackwood)的《文化与女性的特征》主要讨论了当代阿赞德人的性别关系,尤其是女性的社会地位和女性之间的交往关系。[②]

上述文献也有利于我们更全面地把握赞德部落的概观性背景。但鉴于本书讨论的焦点在于赞德说理活动,因而笔者拟用的一手素材仍以埃文思-普理查德的著述为主。

(2)二手素材

首先,主要基于埃文思-普理查德的描述,《尼罗河流域的苏丹之异教部落》和《阿赞德人:英—埃属苏丹和比属刚果的人民》较为系统、详尽地介绍了阿赞德人的氏族制度、体貌语言、阶级差异、耕种狩猎、亲属关系、婚姻家庭、法律判决和宗教信仰等方面的内容。[③] 其次,莫里斯(B. Morris)所著的《宗教的人类学研究》虽然旨在讨论宗教研究中的各种人类学进路,但其中也涉及了赞德宗教(主要指巫术和魔法)的相关问题。[④] 此外,贝尔利(J. M. Beierle)、彼得斯-金(H. Peters-Golden)和吉利斯(E. Gillies)主要从历史脉络、聚居模式、水文气候、亲属关系、酋邦制度、婚姻家庭和宗教信仰等几个方面,较为扼要地评述了赞德部落的整体情况。[⑤]

(3)补充素材

一方面,道格拉斯(M. Douglas)的两篇文章《导论:巫术、神谕和魔法之后的三十年》和《中非的巫术控制技术》主要作为帮助理解赞德信仰的辅助材料使用。[⑥] 尽管它们讨论的核心问题并不在于 20 世纪 30 年代的赞德部

① G. Wagner, "Witchcraft among the Azande", *Journal of the Royal African Society*, Vol. 36, No. 145 (1937), pp. 469−476.

② E. Blackwood, "Culture and Women's Sexualities", *Journal of Social Issues*, Vol. 56, No. 2 (2000), pp. 273−284.

③ C. G. Seligman & B. Z. Seligman, *Pagan Tribe of the Nilotic Sudan*, London: George Routledge & Sons, Led, 1932, pp. 495−539; P. Baxter & A. Butt, *The Azande, and Related Peoples of the Anglo-Egyptian Sudan and Belgian Congo*, London: International African Institute, 1953.

④ B. Morris, *Anthropological Studies of Religion: An Introductory Text*, Cambridge: Cambridge University Press, 1987.

⑤ J. M. Beierle, *Society-Azande*, 1986, http://lucy.ukc.ac.uk/ethnoatlas/hmar/cult_dir/culture. 7829; E. Gillies, Zande, *The Encyclopedia of World Cultures* (CD-ROM), Macmillan, 1998; H. Peters-Golden, *Culture Sketches: Case Studies in Anthropology*, New York: McGraw Hill Higher Education, 2011, pp. 1−17.

⑥ M. Douglas, "Techniques of Sorcery Control in Central Africa", in *Witchcraft and Sorcery in East Africa*, J. Middleton & E. H. Winter (eds.), New York: Praeger, 1963, pp. 123−142; M. Douglas, "Introduction: Thirty Years after Witchcraft, Oracles, and Magic", in *Witchcraft Confessions and Accusations*, M.Douglas (ed.), London: Routledge, 2004, pp. xiii-2.

落,但根据其中梳理的巫术研究进路、关注焦点以及区域性的巫术控制等问题,我们也可以参照性地了解赞德地区的相关情况。

另一方面,道格拉斯所撰写的《原始心灵的知音:伊凡普里查》①和埃文思-普理查德的另外三本著述②也可以作为辅助理解普理查德的人类学理论或基本写作方法的补充素材使用。其中,既包括道格拉斯对普理查德之人类学研究的方法论评述,也涉及普理查德对其他研究方法的批评以及自身研究主张的表述。藉此背景,可以从整体上把握普理查德所著一手文献的写作脉络。

需要说明的是,1945 年之后的赞德部落由于受到一个名为"赞德方案"(Zande Scheme)的项目推动,大量的健康市场(healthy market)和生产厂家纷纷建立,于是阿赞德人的生产模式、政治制度和聚居状况也都随之而变,进而经历了一个显著的英国殖民化过程。③ 换言之,此时的社会结构(尤其是政治、经济制度)在很大程度上已被"去阿赞德化"。因而,对于变迁后的赞德社会讨论④,本书将不予采用。

第二,我们从上述文献清单中可知:不仅一手素材主要是由埃文思-普理查德所作,而且二手素材和补充素材的评述也大都是基于《阿赞德人的巫术、神谕和魔法》的描述而展开的。所以,本书在此面临的一个问题是:由于涉及赞德说理的"基本事实"主要来自于埃文思-普理查德一人的描述⑤,所以据此所作的研究亦将难以避免"孤证不立"的嫌疑。但是,囿于有限的一手材料已是不争的事实,因而本书也仅能假定一手文献的所有事实描述(尤其是埃文思-普理查德所记述的所有事实描述)都是可靠的。

---

① M. Douglas, *Evans-Pritchard*, London: Routledge, 2002.

② E. E. Evans-Pritchard, *Theories of Primitive Religion*, Oxford: Clarendon Press, 1965; E. E. Evans-Pritchard, *A History of Anthropological Thought*, New York: Basic Books, 1981; E. E. Evans-Pritchard & S. Isaac, *Essays presented to C. G. Seligman*, Hungerford: Legare Street Press, 2022.

③ P. Baxter & A. Butt, *The Azande, and Related Peoples of the Anglo-Egyptian Sudan and Belgian Congo*, London: International African Institute, 1953.

④ C. Reining, *The Azande Acheme: An Anthropological Case Study of Economic Development in Africa*, Evanston, Illinois: North-Western University Press, 1966.

⑤ 此处需要对"所有涉及阿赞德人说理的'基本事实'均来自于埃文思-普理查德一人的描述"这一立场做出简要的解释。一方面,雷诺兹、菲利普斯格和施维因富特等人主要记载的是赞德部落的风土人情或神祇观念,而不甚关注该群体的社会结构和宗教实施状况——甚至,施维因富特的叙述与普理查德所撰写的民族志已经相隔半个多世纪;另一方面,有关赞德逻辑的著述主要是基于普理查德所呈现的"矛盾"问题展开的。所以,本书在讨论赞德逻辑的社会结构及说理活动等问题时,均以普理查德的一手文献作为基本事实;而仅在谈及赞德社会的地理位置、生产耕作及人口分布等基本情况时,兼而参照其他一手文献。

　　第三,结合上述文献,本书拟采取的主要研究方法如下。在宏观层面上,以广义论证理论作为基本的研究框架,遵循语境原则和本土化原则,按照六阶段的研究程序对阿赞德人具有的说理功能的实践活动予以描述。在微观层面上,采取的方法主要有:首先,以常人方法学作为基本的描述方法,并以此呈现阿赞德人的主要观念、信仰结构、等级体系和互动模式等基本事实。如前所述,常人方法学强调从行动者的角度出发,按照社会生活的实际情况,结合具体的时间、场景等索引性因素,系统理解个体的行动及社会互动。其次,使用广义论证理论的功能分析方法,分析巫术、神谕和魔法三者之间的关系,并以此确定阿赞德人的主要信仰。按照“说理功能—社会结构”的特征,在一个更高的阶序上考察神谕启示如何在不同的社会语境中实现其说理功能。最后,以分析某种仪式活动的结构(包括语言、曲目和舞蹈等)为主要方法,探讨几种请教神谕活动的意义,进而考察论证主体之间的理解规范。

　　在处理一手文献时,本书还将区分描述性文献与评价性文献。概言之,笔者将前者作为基本事实使用,而对后者持有谨慎的选择态度。例如,在处理《阿赞德人的巫术、神谕和魔法》所提矛盾问题的相关讨论时,厘清了其中缠结于一体的描述内容与评价内容。对于“所有的巫师(且只有巫师)具有巫术物质”,“巫术物质总是同性遗传”,“赞德氏族是通过男性血缘关系组成的人群”,“某氏族 C 中的某位男性成员 A 是巫师”和“只有 A 的父系男性近亲才是巫师”等五个陈述,本书都将其看作基于描述内容的抽象表达。但是,对于“阿赞德人并不关心矛盾的存在,因而持有‘视而不见’的态度”这样的表述,本书将其视为埃文思-普理查德作出的评价内容。

第三章　赞德部落的社会与文化

现代实证科学重视分析可被感知的多种经验事实,但是阿赞德人的可感知观念却常与其笃信的巫术、神谕和魔法等超感知观念混合出现。本章将重点阐释这三种超感知层面的信仰广泛是如何渗透于阿赞德人的归因解释、日常行为和机构行为,论证阿赞德人的神谕信仰是影响说理可接受性的最重要因素。

第一节　可感知观念与超感知观念

在描述阿赞德人的思维模式时,人类学家埃文思-普理查德将"观念"(notions)划分为三种类型,分别是神秘观念(mystical notions)、常识观念(common-sense notions)和科学观念(scientific notions)。神秘观念指的是那些认为现象具有超感知属性的思维模式。① 其中,在经验和神秘这两个层面上对赞德思想进行划分,被认为是埃文思-普理查德研究的关键主题之一。② 例如,在遭遇庄稼歉收的时候,赞德平民通常认为这是他人实施巫术(witchcraft)导致的。此处所说的"巫术"就是一种超越了人们感知属性的存在,而阿赞德人所持有的"他人施巫导致歉收"观念即是神秘观念。③ 在神秘观念中,那些超感知属性或者部分超感知属性既不来自于观察,也不能通过观察进行逻辑推理。常识观念认为现象只具有"人能通过观察得到"或"根据观察进行推理"的属性。科学观念是由常识发展而来的,但比常识更有条理,且具有更好的观察与推理方法。④ 在埃文思-普理查德看来,阿赞德人并不具备(或极少具备)科学观念,但兼具神秘观念与常识观念。

考虑到"神秘—常识"二分的命名方式具有一定程度的西方中心主义特征,本书根据广义论证理论的本土化原则,倾向于将阿赞德人的观念重新

---

① E. E. Evans-Pritchard, *Witchcraft, Oracles and Magic among the Azande*, Oxford: Clarendon Press, 1937, p. 12.

② B. Morris, *Anthropological Studies of Religion: An Introductory Text*, Cambridge: Cambridge University Press, 1987, p. 190.

③ E. E. Evans-Pritchard, *Witchcraft, Oracles and Magic among the Azande*, Oxford: Clarendon Press, 1937, pp. 84-85.

④ Ibid., p. 12.

划分为"可感知观念"和"超感知观念"这两种类型。可感知观念认为现象只具有人能观察得到(或根据观察进行推理)的属性;而超感知观念认为现象具有超感知属性:这些超感知属性或部分超感知属性既不来自于观察,也不能通过观察进行逻辑推理。在由可感知观念构成的思维体系中,推理存在且符合社会规范。相较而言,在由超感知观念形成的思维体系中,行动者不会通过观察来进行逻辑推理。如果阿赞德人的某个思维体系不包含巫术等超感知观念,那么行动者会对其中的各种观念进行逻辑推理;如果阿赞德人的某个思维体系兼具可感知观念和超感知观念,那么行动者就不能直接对其进行逻辑推理。

澄清这一要点,将有助于理解阿赞德人的思维与行动。例如,一个赞德小男孩不慎踢到丛林中的小木桩,他的脚当即感觉疼痛。在并未沾染尘垢的情况下,脚上的伤口呈现化脓状。小男孩会将这一过程解释为"巫术使其踢上木桩"。[1] 根据上述定义,"踢上木桩而产生疼痛感"的看法就是一种可感知观念。同时,小男孩所持有的"巫术使其踢上木桩"的观念是超感知的。因为,巫术并不是一种可通过感知而获得的观念,它所具有的"暗中伤害"等属性也并不来自于阿赞德人的事实观察,但此时巫术构成了针对"小男孩踢上木桩"事件解释的一个重要组成部分。由于巫术具有超感知属性,因而据此构成的观念"巫术使其踢上木桩"可被视为超感知观念。

在上述案例中,这个赞德小男孩既具有疼痛感的可感知观念,同时也具有关于巫术的超感知观念。可感知观念与超感知观念是相互渗透、难以割裂的。需要指出的是,阿赞德人并不是只沉溺于颇具神秘主义色彩的超感知观念,也并非缺乏经验知识。[2] 恰恰相反,这两种观念的相互渗透也是赞德社会中一种典型的文化现象。

第二节　信仰:巫术、神谕、魔法

一、巫术及其特征

根据广义论证理论的社会文化解释途径,本书将立足于整体的社会文

---

① E. E. Evans-Pritchard, *Witchcraft, Oracles and Magic among the Azande*, Oxford: Clarendon Press, 1937, pp. 42–43.

② B. Morris, *Anthropological Studies of Religion: An Introductory Text*, Cambridge: Cambridge University Press, 1987.

化结构,进而考察各个构成部分的特定事实及彼此间的关系。亦即,将巫术研究置于整体的社会文化结构,通过分析仪式结构来讨论巫术观念及其特征,进而阐释赞德社会的宗教特征、尤其是阿赞德人的信仰。① 这种研究方法与埃文思-普理查德主张的人类学进路也是一致的。例如,他认为必须依据文化和社会整体来解释宗教事实,必须依据格式塔心理学家们所说的"文化整体",或者毛斯所说的"全部事实"来理解宗教事实。宗教事实必须被看作一个融贯系统之内各个部分之间的彼此联系,每个部分都只有在与其他部分的联系中才具有意义,而这个系统本身只有在更广泛的系统联系中才会有意义。②

　　从生物特征的角度看,巫术是巫师体内的一种红色物质,含有南瓜、芝麻及其他可食用植物的种子。从作用机制的角度看,巫术具有精神属性。阿赞德人认为巫师可以让巫术的灵魂(mbisimo mangu,"姆比西莫曼谷")离开身体,拿走受害者器官的精神部分,然后巫师及其同伙把这个灵魂吞噬下去,该过程又被其称为"非物质形式的"掠夺。③ 从作用效果的角度看,距离因素、方向因素和时间因素均会对巫术效果产生影响。在阿赞德人看来,巫术只能伤害邻近的人,而不能远距离地打击人,因此家离邻居越远,就越不易受到其巫术的伤害;巫师必须明确巫术袭击的对象并定下路线,而不能在派出巫术之后让它自行寻找袭击对象;巫术需要较长的时间发挥效用,而不会立即将袭击对象置于死地;巫术物质会随着身体的增长而增长,所以巫师越老,巫术的效用就越强。④

　　从使用规则的角度看,阿赞德人采取的巫术归因遵循情境解释原则。如果遭受严重不幸,那么阿赞德人会将其归因为巫术;但如果遭受的是一般不幸,那么遭遇者仅会被怀疑地解释为"胆汁型"等。⑤ 从社会文化特征的角度看,表现为种子形态的巫术是巫师在邻居耕种时吃下的,且具有遗传、性别、阶级和年龄这四个方面的特征,详见表3-1。⑥

① [英]道格拉斯:《原始心灵的知音:伊凡普理查》,蒋斌译,允晨文化实业股份有限公司1982年版,第28—29页。
② E. E. Evans-Pritchard, *Nuer Religion*, Oxford: Clarendon Press, 1956, pp. 112-113.
③ Ibid., pp. 33-35.
④ Ibid., pp. 30, 36-37, 72.
⑤ E. E. Evans-Pritchard, *Nuer Religion*, Oxford: Clarendon Press, 1956, pp. 23-32.
⑥ E. E. Evans-Pritchard, *Nuer Religion*, Oxford: Clarendon Press, 1956, pp. 23-32.

表 3-1　赞德巫术的社会文化特征

序号	类别	解释方式
1	遗传特征	巫术物质单系遗传： (1)男性巫师的儿子都是巫师，但女儿不是； (2)女性巫师的女儿都是巫师，但儿子不是。
2	性别特征	(1)在平民中，男性和女性被指实施巫术的几率均等； (2)男性可能会受到男性或女性的巫术伤害； (3)女性只会受到女性巫术的伤害。
3	阶级特征	(1)国王、亲王阶级的成员不会被指实施巫术； (2)各省的长官、各地区的代理人、宫廷的判官、军队的官员，以及有钱或有地位的平民一般不会被指实施巫术(除非受到国王或亲王的指控)。
4	年龄特征	(1)小孩不会被指实施巫术杀人(因巫术物质很小且不会产生伤害)； (2)大一些的孩子不会被怀疑有强大的巫术(因巫术物质略微生长，且可能会给同龄人带来较小伤害)； (3)成年人会被指使用巫术(因巫术物质显著增长，会对其他人产生显著伤害)。

总体而言，巫术(冷的巫术①除外)被阿赞德人看作一种会产生危害的负面物质，且可以采用神谕或魔法仪式来对抗巫术。从功能结构的角度看，神谕、魔法与巫术构成了较为稳定的对抗关系，即分别是以神谕抗击巫术和以魔法抗击巫术。在这两组对抗关系中，巫术既是表达社会利害关系的媒介，也是核心的被对抗因素，其作用范围受到社会认可的反应范围限制。②下面将通过日常行为和机构行为来解释阿赞德人的三种主要信仰，即巫术信仰、神谕信仰和魔法信仰。

二、归因解释

虽然阿赞德人不会就巫术问题展开公开讨论或发表观点，③但是巫术

---

① 根据埃文思-普理查德(Evans-Pritchard,1937,p.25)的描述，阿赞德人将巫师体内的巫术物质区分为"冷""热"两种状态。他们认为，当体内的巫术物质变冷时，它就处于无效状态，因而不会伤害他人。

② [英]道格拉斯：《原始心灵的知音：伊凡普理查》，蒋斌译，允晨文化实业股份有限公司1982年版，第97页。

③ E. E. Evans-Pritchard, *Nuer Religion*, Oxford：Clarendon Press, 1956, p. 28.

概念广泛地出现在其多种日常行为和机构行为的解释中,包括耕种、捕鱼、家庭生活和地区、朝廷的公共生活,甚至是赞德社会的法律和道德规范。①当出现杀人事件的时候,阿赞德人首先会针对此事私下请教神谕。根据该神谕确定的信息,被指认为杀人者的男人(或女人)就会被抓。继而,死者的众亲属将这个神谕判决带到亲王那里,亲王再请教他自己的神谕。如果亲王的神谕也指控此人用巫术杀了人,那么亲王就向死者亲属告知判决结果,如命令巫师给死者家属赔偿 20 支矛和一个女人。如果神谕表明还有另一位作为帮凶的巫师共同杀死受害者,那么他会被判赔偿 10 支矛。至此纠纷干预结束,且死者家属信服地接受判决结果,详见图 3-1。②

图 3-1　基于赞德巫术的司法判决

如前所述,阿赞德人的巫术归因遵循情境解释原则。根据当事人遭受不幸事件的程度差异,其因果解释分别表现为:

情境 1:如果遭遇一般不幸事件,那么首先清晰地归因于当事人本身能力不足、触犯禁忌、违反道德准则或妖术(或其他邪恶力量)等因素。④ 否则,将其归因为巫术。⑤

在本章第一节所提到的小男孩踢上木桩的案例中,这个男孩便将踢上木桩一事归因为巫术。因为在一般情况下,如果他以如此谨慎的方式走路,就并不会踢上木桩。在未沾尘垢的条件下,其伤口也往往会较快愈合。然而,他彼时的遭遇却与此相反,因此这被认为是由巫术导致的。又譬如,当

① E. E. Evans-Pritchard, *Witchcraft*, *Oracles and Magic among the Azande*, Oxford: Clarendon Press, 1937, p. 63; B. Morris, *Anthropological Studies of Religion: An Introductory Text*, Cambridge: Cambridge University Press, 1987, p. 191.

② E. E. Evans-Pritchard, *Witchcraft*, *Oracles and Magic among the Azande*, Oxford: Clarendon Press, 1937, pp. 46-47.

③ 此处的"步骤 S"指的是,在 B 与 A 不一致的情况下,亲王还会继续采取其他步骤(即由前述条件产生的,具有逻辑后承性质的行为)。

④ 根据埃文思-普理查德(Evans-Pritchard,1937,p.392)的叙述:从某种意义上看,妖术与巫术相似,它也可以被毒药神谕所揭示。

⑤ E. E. Evans-Pritchard, *Witchcraft*, *Oracles and Magic among the Azande*, Oxford: Clarendon Press, 1937, pp. 74-78; C. G. Seligman & B. Z. Seligman, *Pagan Tribe of the Nilotic Sudan*, London: George Routledge & Sons, Led, 1932, p. 522.

一个技艺纯熟的制陶者发现自己所烧制的陶器上有裂缝的时候，他会认为这是因为有人暗中实施了巫术。因为在他看来，作为一个经验丰富的制陶者，自己选取了合适的泥土，彻底清除了沙砾，卵石，缓慢而谨慎地塑形，而且挖土前一晚也遵守了无性生活的禁忌，因而所制的陶器本该平整无缝。但是，这个制陶者遇到的情形恰恰相反，所以他认为这也是由巫术所导致的。①

情境2：如果遭遇严重不幸事件（尤其是死亡事件），那么将直接归因为巫术。②

在阿赞德人看来，每个死亡事件都是"法律上的谋杀"。③作为一种超感知观念，巫术是作为赞德司法裁定中一个关键的影响因素而存在的，它直接决定了被指控的巫师应该承担何种赔偿责任。如图3-1所示，虽然并无现代司法体系中普遍认可的证据（或法律事实），但是被指控为巫师的人会被赞德法律体系认定为造成死亡事件的"施害者"。从取效性的角度看，这种被赞德社会群体所普遍接受且实现了高度法律效力的因果解释具有极强的说服效用。

三、说理功能分析

在图3-1中，亲王通过出示他所请教的神谕，促使纠纷双方最终一致接受其判决结果，从而消除了意见分歧。从实施程序的角度看，此类具备司法裁定性质的赞德社会活动包括如下步骤：第一，出现在亲王判决的赞德法律语境下；第二，意见分歧是由以死亡为代表的严重不幸事件所激活的；第三，死者家属所请教的神谕为亲王判决提供了候选信息；第四，基于候选信息，亲王再次请教神谕予以确认；第五，根据亲王请教的神谕信息，直接对巫师做出赔偿判决。该过程是赞德部落成员，在亲王判决的法律语境下，依据符合其所属社会文化群体规范的神谕判决规则而生成的行动序列，其目标是形成具有审判约束力的一致结论。因此，这是赞德社会中一种典型的论证实践，符合广义论证理论的定义。

作为被指控的巫师，赔偿者并不需要具备任何事实层面上伤害（或杀害）的行为特征。即便如此，被指控者仍然信服地接受亲王根据神谕所作

---

① E. E. Evans-Pritchard, *Witchcraft, Oracles and Magic among the Azande*, Oxford: Clarendon Press, 1937, pp. 65-66.

② Ibid., p. 78.

③ C. G. Seligman & B. Z. Seligman, *Pagan Tribe of the Nilotic Sudan*, London: George Routledge & Sons, Led, 1932, p. 524.

出的判决。显然,如果从现代审判标准的角度看,这种脱离了证据基础的裁定是让人匪夷所思的。但在彼时的阿赞德人看来,这个建立在亲王神谕基础之上的说理过程却是完全可接受的。人类学的研究表明:一方面,有些事物根本不可能通过实验和逻辑推理所发现(或人们确信其不可能被发现),而神谕被阿赞德人认为是能够揭示这些事物的技巧;① 另一方面,一系列由该族群所创立,但他们自己也无法亲眼目睹的基本假设,使得神谕得到族人的信任,形成了神谕的信仰体系。② 这意味着阿赞德人笃信神谕具有揭示功能,因而请教神谕被阿赞德人看作辩护或反驳的合理途径。从主流论证理论的角度看,我们似乎很难设想:除了对经验事实或推理规则作出辩护(或反驳)之外,还可以诉诸其他的何种途径? 然而,在赞德部落最具法律效力的说理活动中,请教神谕这一行动步骤直接约束着立场的辩护(或反驳)关系。

常见的赞德神谕包括三种类型。第一种是毒药神谕(Poison Oracle),通过给小鸡服用一种马钱子碱来完成;第二种是白蚁神谕(Termites Oracle),通过把两棵树的树枝插入某几种白蚁堆的孔洞来完成;第三种是摩擦木板神谕(Rubbing-board Oracle),通过操作一个木制的工具来完成。某种神谕所揭示的内容则被称为该神谕的"启示"(revelations),③即毒药神谕启示、白蚁神谕启示、摩擦木板神谕启示,等等。从构成信仰体系的角度看,赞德神谕的揭示功能是融贯的。与巫术归因的解释相似,阿赞德人的神谕辩护(或反驳)也遵循情境解释原则。根据当事人遭受不幸事件的程度差异,其辩护(或反驳)方式分别表现为:④

情境1:如果亲王(或国王)的毒药神谕揭示巫术造成死亡或损失所有谷物庄稼,那么死者亲属或庄稼的主人直接根据该启示实施复仇行为或索要赔偿。⑤

原因是,受赞德法律认可的处罚巫师理由共有两种:一种是用巫术杀人,另一种是用巫术使他人损失全部谷物庄稼。所以,如果亲王(或国王)

---

① E. E. Evans-Pritchard, *Witchcraft, Oracles and Magic among the Azande*, Oxford: Clarendon Press, 1937, p.10.

② [英]道格拉斯:《原始心灵的知音:伊凡普理查》,蒋斌译,允晨文化实业股份有限公司1982年版,第90页。

③ E. E. Evans-Pritchard, *Witchcraft, Oracles and Magic among the Azande*, Oxford: Clarendon Press, 1937, p.162.

④ E. E. Evans-Pritchard, *Witchcraft, Oracles and Magic among the Azande*, Oxford: Clarendon Press, 1937, pp.84-98.

⑤ E. E. Evans-Pritchard, "Oracle-magic of the Azande", *Sudan Notes and Records*, Vol.11 (1928), pp.45-49.

所请教的毒药神谕揭示某个人犯了谋杀罪,那么他就会依法判决被害人亲属向被指巫师者进行复仇或索要赔偿。① 在这个司法审判体系中,神谕有助于利益受损的一方在生命或物质层面上得到补偿。

情境2:如果神谕揭示巫术造成其他损失(除了死亡、损失所有谷物庄稼之外),那么遭遇损失者(或即将遭遇损失者)将实施索要赔偿、劝使巫师停止伤害或不采取措施的行动步骤。

子情形1:如果国王(King)或亲王(Prince)的毒药神谕揭示某个人应对他人在健康、社会或经济等方面的既有损失负责,那么遭遇损失者可以向巫师索要赔偿。例如,某个赞德人播种黍子后遭遇歉收,而亲王的毒药神谕启示表明这是由于巫师对其庄稼实施破坏所导致的。最终,亲王判决这个巫师用自己的女儿偿付了庄稼主人的黍子损失。②

子情形2:如果平民的某种神谕揭示了某个人应对他人在健康、社会或经济等方面的较大预期损失(或仍在持续的损失)负责,那么遭遇预期的(或现实的)损失者可以劝使巫师停止伤害。例如,一位平民的毒药神谕揭示某个巫师使得另一个赞德人生病。根据该神谕启示,患者亲属礼貌地要求巫师收回巫术、停止伤害,随后被指控为巫师者也以虔诚的态度表示接受。③

在人类学文献记载的另一个案例中,某个赞德人在准备修葺房屋的时候,先去请教了摩擦木板神谕。摩擦木板神谕揭示他会遭遇死亡,于是他继续追问:"如果我把情况告诉对我实施巫术的人,我还会死吗?"摩擦木板神谕显示:"是的"。他又问神谕:"如果我在公开声明中解释我的情况,我会得救吗?"神谕表明:"可以"。随后,这个人离开请教神谕的地点并返回家中。当天晚上,他就自己的情况发表公开声明,大叫两声:"哇! 哇!"在人们安静下来之后,他接着说:"不是因为有野兽。你们都是我们的邻居,我必须说一说。你们马上就会听见我要说什么。我针对我和我妻子的情况请教过摩擦木板神谕,它毫不犹豫地预言了我们的不幸,所以我说我要把这件事告诉你们,你们都会听见这件事,因为有人死在家里是件不幸之事。我说了,你们也听见了,那么就吐出口水吧(以示良好的愿望)。"④

与其他案例不同,该案例中的死亡事件并未实际发生,作为平民的参与

---

① E. E. Evans-Pritchard, *Witchcraft, Oracles and Magic among the Azande*, Oxford: Clarendon Press, 1937, pp. 86-87.

② Ibid., pp. 84-85.

③ Ibid., p. 126.

④ E. E. Evans-Pritchard, *Witchcraft, Oracles and Magic among the Azande*, Oxford: Clarendon Press, 1937, p. 387.

主体只是在即将处理居住问题的时候,自行请教了摩擦木板神谕。从神谕效力的角度看,这种平民神谕的效力远低于亲王的毒药神谕;从事件状态的角度看,严重的不幸事件仍处于预期状态,因而并不存在可观察的物理证据。为了对抗超感知层面上的巫术伤害,阿赞德人相信:即使用效力较低的平民神谕启示进行说理,也可以在一定程度上阻止巫术伤害和严重不幸的发生。从这个角度看,神谕启示是作为赞德平民说理活动中一种重要的说服性理由而被使用的。

子情形3:如果平民的某种神谕揭示了某个人应对他人在健康、社会或经济等方面的一般既有损失负责,那么遭遇损失者通常并不会对此采取任何措施。如前所述,阿赞德人认为平民神谕启示的效力较低,因而针对已经发生的一般损失,并不能根据平民的神谕启示展开劝服巫师的说理活动或追讨赔偿。

此外,从说理功能的角度看,魔法(magic)也被阿赞德人视为抗击巫术的另一种重要途径。① 根据人类学文献的记载,阿赞德人能够清晰地对巫术和魔法作出区分。他们认为魔法既包括魔法技术,也包含本草和其他魔药。巫术则包括心理力量,它所引起的不幸可能是无意识的。相较而言,魔法涉及仪式、咒语、有意识的药物操控,等等。② 根据使用目的的差异,阿赞德人又将魔法划分为好魔法和坏魔法。好魔法是被赞德社会认可的,它指的是通过实施魔法仪式、念诵咒语和使用魔药等方式来对抗巫术。仅当受害者不知道谁对他施以伤害时,才会用好魔法来对抗这个未知的伤害者;否则,他会直接诉诸宫廷的神谕判决来寻求赔付。

例如,某个赞德人遗失了一把斧头。出于抗击未知巫师(即小偷)的考虑,他会迅速搭建一个用于遮蔽的小屋,然后将魔药置于屋顶上。通过采取口念咒语的方式,他力图让魔药寻找斧头并使小偷遭遇不幸。③ 但从效用的角度看,好魔法(如狩猎魔法、农业魔法、歌舞魔法和疾病魔法等)也会产生破坏性,甚至是致命的破坏。在阿赞德人看来,好魔法只打击违法者,而坏魔法却违反了赞德社会的道德和法律规则。在对待魔法这一问题上,虽然阿赞德人貌似具有清晰的原则,但在具体的实践中却很混乱。由于赞德社会的魔法仪式极少作为某个社会活动的必要部分,且具有私密性强、执行

---

① E. E. Evans-Pritchard, *Witchcraft, Oracles and Magic among the Azande*, Oxford: Clarendon Press, 1937, p. 387.

② B. Morris, *Anthropological Studies of Religion: An Introductory Text*, Cambridge: Cambridge University Press, 1987, p. 192.

③ Ibid., p. 389.

次数少等特点,因而较难对其作出恰当解释。①

　　综上所述,巫术、神谕和魔法广泛地渗透于阿赞德人的归因解释、日常行为和以司法审判为代表的机构行为之中,且共同构成了他们稳定的信仰体系。从实现说理功能的角度看,阿赞德人的神谕信仰又是影响说理可接受性的最重要因素。同时,以埃文思-普理查德(1937)一手文献中的所有民族志案例作为数据基础,使用微词云分词软件进行语义网分析,结果也验证了神谕信仰在赞德说理活动中的显著说服功能(详见图3-2)。在赞德谋杀案的判决中,作为审方的亲王并不是基于经验层面上的法律证据,而是根据他请教的毒药神谕来进行判决。相应地,作为控方的死者家属和作为辩方的被指控为巫师者,也都信服地接受亲王根据其毒药神谕的启示而作出的裁定结果。从对抗巫术这一关键社会功能的角度看,阿赞德人的神谕信仰与其巫术信仰具有高度的融贯性。

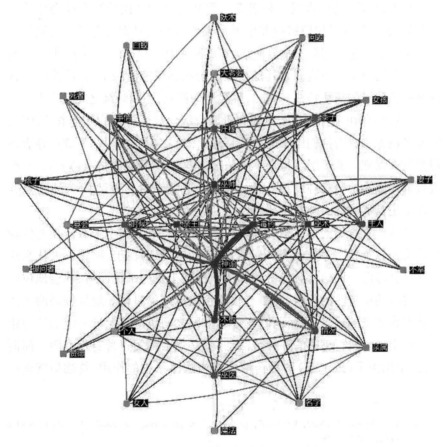

图3-2　基于民族志案例的语义网分析

① E. E. Evans-Pritchard, *Witchcraft, Oracles and Magic among the Azande*, Oxford: Clarendon Press, 1937, pp. 388, 391, 416.

第三节　等 级 体 系

　　维系阿赞德人公共生活的最主要纽带是以酋长国制度为典型特征的政治体制,而非氏族结构。[①] 在赞德社会的权力体系中,处于第一层级的是国王,而国王的各个儿子(即亲王)在各省中构成了该体系的第二层级。因为赞德帝国的王子们不愿与父亲或兄弟保持封建的臣属关系,而想要开辟自己的领土,于是他们把帝国分成许多个王国,又把王国划分为省,而各省的长官则通过所在地区的代理人来行使权力。[②] 因此,赞德社会的权力体系不仅具有显著的等级差异性,而且通过稳定的政治体制广泛影响着人际交往关系。

　　首先,皇族阶级(含国王和亲王)、贵族阶级和平民阶级在社会地位方面差异很大,甚至平民阶级内部也因个人财富的差异而具有显著的地位差别。主要表现包括:其一,皇族阶级、贵族阶级和平民阶级的血统、财产和地位的承袭均由父系决定。尤其是在皇族阶级和贵族阶级中,同氏族的子孙都享有该阶级的一切特权。其二,阶级结构稳固,不同阶级之间几乎没有流动(或变化)的可能性。由于皇族和贵族阶级形成了排外的社会群体,因而赞德平民无法成为他们当中的一员。其三,较之于赞德平民,皇族往往表现得高傲而保守。通过展示与众不同的服饰发型、昂首行走的身体姿态、不容置疑的面部表情、富有修养的说话语调、不事劳作的平滑双手等,赞德皇族表现出更具优越性的外在特征。[③]

　　从从业者身份的角度看,赞德巫医通常都是普通平民(不包含地位较高的平民),而没有皇族或贵族阶级的成员。[④] 原因在于,阿赞德人认为这种职业会降低个人的社会身份和尊严。相较于赞德平民而言,社会地位较高者也应约束自己的行为,不参与政治生活以外的事情。地位较高的平民会被看作亲王的代表,因而他们与普通平民之间也应该保持一定的社会距离。如果参与执行巫医的降神会活动,就必然会缩短这种身份差距。简而言之,借助国王(或亲王)的毒药神谕在司法体系中的作用,赞德皇族进一

①　E. E. Evans-Pritchard, *Witchcraft, Oracles and Magic among the Azande*, Oxford: Clarendon Press, 1937, p. 15.

②　Ibid., p. 14.

③　E. E. Evans-Pritchard, *Witchcraft, Oracles and Magic among the Azande*, Oxford: Clarendon Press, 1937, p. 15.

④　Ibid.

步强化了这种稳固的社会等级体系。①

其次,赞德社会中存在显著的性别差异,男性的社会地位远高于女性。一般而言,赞德女性无权参与社会公共生活或在公共活动中担任主要角色。例如,任何成年男性都可以参加请教毒药神谕的降神会,但极少有女性获准参与这类社会活动,甚至女性在公共场合都不能与男性邻坐。② 从从业者性别的角度看,赞德巫医多为男性,偶有中年或老年寡妇。③ 在巫医降神会上,男性观众就座于离鼓极近的树木上或谷仓下,而女性观众则应按要求坐在距离男性较远的家院另一侧。同时,赞德女性在家庭生活中的地位极其低下。在婚姻事务中,男性也很少询问女性的感受。④ 例如,所有赞德女性都是国王或亲王的"财产",可以成为赔付其他利益损失者的一种补偿形式,女性会在完全违背个人意愿的情况下出嫁。⑤ 这些情形都表明,赞德女性几乎不具备独立的决策权,无法成为现代意义上的理性行动者。

同时,赞德社会还具有明显的年龄差异和代际差异。年长者的社会地位远高于年少者,父辈的社会地位远高于子辈,且地位较高者有更强的控制权。⑥ 根据一手文献的记载,与请教神谕相关的多种社会活动都体现出明显的男性主导或年长者主导的特征。例如,巫医降神会上的敲锣者都是小男孩;⑦除个别特例(如请教过毒药神谕的女性和一些女性亡灵的占卜者)之外,摩擦木板神谕的操作者必须是中老年男性;⑧在请教毒药神谕的降神会上,本吉(即毒药)的所有者通常是年长的成年男性。⑨

总的来说,作为赞德社会生活中一种最重要的制度,神谕启示对各个等级的成员都有普遍影响。每个等级的阿赞德人都会直接使用某种神谕启示,或间接参与某种请教神谕的活动。⑩ 然而,根据遗传、性别、阶级和年龄

---

① E. E. Evans-Pritchard, "Oracle-magic of the Azande", *Sudan Notes and Records*, Vol. 11 (1928), pp. 48-49.

② E. E. Evans-Pritchard, *Witchcraft, Oracles and Magic among the Azande*, Oxford: Clarendon Press, 1937, pp. 283-284.

③ Ibid., pp. 155-156.

④ H. Reynolds, "Notes on the Azande Tribe of the Congo", *Journal of the Royal African Society*, Vol. 3, No.11 (1904), p. 240.

⑤ E. E. Evans-Pritchard, *Witchcraft, Oracles and Magic among the Azande*, Oxford: Clarendon Press, 1937, p. 159.

⑥ E. E. Evans-Pritchard, *Witchcraft, Oracles and Magic among the Azande*, Oxford: Clarendon Press, 1937, pp. 15-17.

⑦ Ibid., p. 160.

⑧ Ibid., p. 371.

⑨ Ibid., p. 283.

⑩ Ibid., pp. 261-262.

这四个方面的差异,赞德部落的成员在各种请教神谕活动中又享有不同的权力,受到不同的限制。

第四节　思维与行动方式

从思维方式的角度看,阿赞德人并不具备西方文明意义上的抽象概念或清晰信条(doctrine),更不必说形式化概念。他们无法用西方人的表达方式阐明具有因果关系的抽象理论,但会采用他们特有的解释性语言来描述所发生的事件。他们能够意识到事件所处的特定环境,也能够意识到某个事件对人是有害的,但不会解释事件是如何发生的。这意味着阿赞德人并不会具有自觉性地(consciously)清晰表达关于事件关系的观点,例如说"我相信自然的原因,然而我认为它不能充分地解释巧合,对我来说巫术的理论似乎提供了一个满意的解释"。相反,他们会通过具体情境把自己的思想表达出来。①

特别地,阿赞德人并不会针对巫术作出普遍概括。他们对事件(或事件关系)的反应是采取情境式解释或行动,而不是进行抽象的分析和推理。例如,他们不会针对某个人是否是巫师来询问神谕。因为他们的目标仅在于指出在某个情境下,是否存在某个人对其本人或亲属实施了具有危害的巫术,而并不是关注诸如"此人是否生来就是巫师"这类抽象的理论问题。②正如图3-2所示,阿赞德人的行动序列是以利益受损情形(如杀人事件)的出现作为起始点的;行动序列的结束是以利益受损情形的修复(如巫师赔偿死者家属)为标志的。在对抗巫术伤害的语境下,阿赞德人的目标是揭示巫术的动态危害状态,而不是分析谁是本体论意义上的巫师。

根据埃文思-普理查德等人类学家提供的一手数据,阿赞德人并未发展出任何具有主体自觉性的论辩活动,尤其是不存在西方论证研究所主张的"批判的""理性的"论辩行为。因而,赞德社会既不存在语用论辩学意义上的法庭论辩、议会论辩或医患对话,③也不存在诸如苏格拉底及其门徒之间的"助产术"式对话,或者孔子与其弟子之间的教义问答式对话。④ 虽然

---

① Ibid., pp.70-72.
② 鞠实儿:《论逻辑的文化相对性——从民族志和历史学的观点看》,《中国社会科学》2010年第1期,第41页。
③ F. H. van Eemeren, *Strategic Maneuvering in Argumentative Discourse*, Amsterdam: John Benjamins Publishing Company, 2010.
④ 邓晓芒:《苏格拉底与孔子言说方式的比较》,《开放时代》2000年第3期。

赞德社会不存在西方文明意义上的批判性说理活动,但这并不意味着该社会群体没有符合其本土社会惯例的交流行为或说理活动。事实上,阿赞德人所实施的说理行为内嵌于特定文化背景下的个人生活或公共生活之中,它们是狩猎、耕种、建宅、娶妻或审判等活动的一部分。

　　根据广义论证理论的语境原则和本土化原则,本书将针对具体的社会文化情境,重点从过程角度分析阿赞德人的行动序列。通过分析论证者在可变语境下的各个行动步骤,探讨产生说服效用的功能规则、表达规则、理解规则和分块规则。虽然一手文献极少直接记录两方问答,但是通过对事件过程的叙述,通常间接地呈现赞德社会的说理活动。其中,最为典型的一类论证性语篇是:叙述阿赞德人如何通过请教神谕的途径来揭示作为"施害者"的巫师,进而获得合法赔偿,即反映参与说理活动的一方是如何合法地说服另一方的。

第四章　神谕论证的目标和语境

根据神谕启示在赞德说理活动中的社会功能,本章将从广义论证的角度给出神谕论证的定义。首先,根据事件发生情境的特征,将论证发起方的目标划分为复仇型、索赔型和止损型。其次,根据神谕启示的说服效力,讨论神谕论证的发生语境,分别是国王(或亲王)审判场景、平民占卜场景和巫医降神会场景。最后,根据相关说理活动的程序性特征,指出神谕论证的主要类型。

第一节　论　证　目　标

前章已经表明:从实现说理功能的角度看,阿赞德人的神谕信仰是影响说理可接受性的最重要因素;从实现社会功能的角度看,阿赞德人的神谕启示具备对抗巫术的作用,且他们的神谕信仰与巫术信仰具有高度融贯性。以下将重点讨论根据神谕启示来开展说理活动的赞德实践行为,简称为"神谕论证"。直观而言,被巫术伤害(或将被巫术伤害)的论证者有权根据神谕启示,要求巫师不要干扰自己的平静生活,而巫师也必须遵从赞德社会的惯例。如果作为巫术受害者的一方要求他收回巫术,那么他就应该表示收回。①

根据广义论证理论②的定义,神谕论证指的是:在个人生活或公共生活语境下,赞德部落的社会群体成员依据符合其所属社会文化群体规范的神谕判决规则而生成的语篇行动序列,其目标是形成具有约束力的一致结论。按照实现说服效用的强度特征排序,阿赞德人的神谕启示主要包括:毒药神谕启示、白蚁神谕启示、摩擦木板神谕启示和巫医启示。由于阿赞德人对某个事件(或事件关系)的反应是采取情境式解释或行动,而不是进行抽象的分析和推理,根据事件发生情境的特征(详见第四章第二节),以下将论证发起方针对巫师而采取的论证目标划分为三种类型:复仇型、索赔型和止损型。

---

①　E. E. Evans-Pritchard, *Witchcraft, Oracles and Magic among the Azande*, Oxford: Clarendon Press, 1937, p. 87.
②　鞠实儿:《广义论证的理论与方法》,《逻辑学研究》2020 年第 1 期,第 8 页。

情境1：如果国王（或亲王）的毒药神谕揭示巫术造成死亡或损失所有谷物庄稼，那么死者亲属或庄稼的主人直接根据该启示实施复仇行为或索要赔偿。从论证发起者的角度看，此类神谕论证的目标可被归纳为"复仇型"或"索赔型"。从另一个论证主体的角度看，虽然被指控为巫师者常在私下另行请教毒药神谕，力图根据不同的神谕启示来为自己的谋杀罪开脱，但是这种自我辩护方式会被认为是"不合法的"。①

例如，某个被指控为巫师的赞德平民为了驳斥亲王根据毒药神谕作出的赔偿判决。他们在已经赔偿了20支矛和一个女人后，再次私下请教毒药神谕："我们将要剖开这位已故亲戚的肚子，如果我们会在他的肚子中看到巫术物质，毒药神谕就杀死这只鸡。如果对我们的指控是假的，即他的肚子里没有巫术物质，人们的指控就是毫无根据的，那么毒药神谕就放这只鸡一条生路。"事实是他所请教的毒药神谕的确没有杀死那只鸡。于是，这个论证者就向其他人说："现在（作为亲戚的）死者肚子里没有巫术物质，我们得要回属于我们的矛和女人。"随后，已经获得赔偿的死者家属就把矛和女人都还给了这个论证者。然而，做出司法裁定的赞德皇族表示了严厉而强烈的反对，因为他认为这种自我辩护方式（即通过解剖来寻找巫术物质）构成了对亲王神谕启示的挑战，而这是不被赞德法律所认可的，甚至应因此而被处死。②

情境2：如果神谕揭示巫术造成其他损失（除了死亡、损失所有谷物庄稼之外），那么遭遇损失者（或即将遭遇损失者）将实施索要赔偿、劝使巫师停止伤害或不采取措施的行动步骤。从论证发起者的角度看，此类神谕论证的目标可被归纳为"索赔型"或"止损型"。根据神谕的效力差异，该情境又可以划分为三种子情形。

子情形1：如果国王或亲王的毒药神谕揭示某个人应对他人在健康、社会或经济等方面的既有损失负责，那么遭遇损失者可以向巫师索要赔偿。从论证发起者的角度看，这种子情形中的论证目标是索赔型的。根据广义论证的基本结构分析程序，在规则的一般性语言表达不可得时，可以采用案例来表达广义论证的规则。基于埃文思-普理查德一手文献中的一个详细的典型案例，以下将对其进行广义论证的功能分析，从而揭示双方在变化认知语境下的语篇功能和论证功能规则。

---

① E. E. Evans-Pritchard, *Witchcraft, Oracles and Magic among the Azande*, Oxford: Clarendon Press, 1937, pp. 47-48.

② Ibid.

　　某男子在播种黍子后遭遇歉收情形。于是,他就此事请教了毒药神谕。毒药神谕的启示表明:歉收是由于某巫师破坏所致。

　　随后,该男子便提了只鸡到亲王那儿,说:"我来说说我的黍子,就这件事我曾问过毒药神谕,毒药神谕告诉我是某某人正在搞破坏。大人,您就这件事请教一下毒药神谕,免得认为我在说谎。"

　　收下鸡后,亲王请教了毒药神谕。而亲王的毒药神谕也揭示了正是某巫师破坏了此人的谷物。于是,亲王就派人把这位被神谕揭示的巫师叫来,并对他说:"毒药神谕针对你的名字杀死了一只鸡,并说你正在对某某人的庄稼搞破坏。"

　　此时庄稼的主人(即播种黍子的男性平民)以亲王的名义发誓说:"大人,以您的腿的名义,既然这个人破坏了我的庄稼,就应该让他赔我。"然后,亲王对巫师说:"你打算用什么来赔偿他的黍子?"听罢,该巫师取来一支矛,放在亲王的面前,说:"人无法看到别人的身体里面(有什么),既然事情已经如此,让报信的人先拿走这支矛,我会就此事从家里为你拿来更多的矛。"但庄稼的主人说:"这些矛远远不够,我想让他给我一满仓黍子。"巫师说:"哎呀,大人,现在正是饥荒的时候,他的话不合适,我没有黍子给他,让他把这个女孩带走吧。"于是这个人用自己的女儿偿付庄稼主人的黍子损失。亲王说:"这样可以,带走这个女孩,她可以为你锄地,然后你可以吃上那块土地上产出的黍子。如果她为你生孩子,也是你的好福气。但是你得给送信人一个礼物,这件事是他为你跑的腿。"最后,庄稼的主人把报酬付给送信人以后,他便和这个女孩一同回家,并为她安排一个宅子。如果这个女孩为他生了孩子,他会因为孩子的缘故送给女孩娘家亲戚一些矛。①

　　当且仅当论证者实施一个功能完整的说理步骤,以下将其称为完成一轮的语篇行动。通过对每个句子进行编号标注,如 $L01,L02,L03,\ldots$,即可明确语篇行动序列。根据论证者所在认知语境的特征,上述文本构成的语篇序列可以划分为包含四轮语篇行动序列的交流过程。

　　第一轮语篇行动序列:
　　语境 1.1:在生成这个语篇序列之前,论证者 1(即说理活动的发起

① E. E. Evans-Pritchard, *Witchcraft, Oracles and Magic among the Azande*, Oxford: Clarendon Press, 1937, pp. 84-85.

者）所处的初始语境是遭遇庄稼歉收。

语篇功能 1.1：实现初步筛选巫师的功能。

论证功能规则 1.1：请教平民的毒药神谕可以初步筛选巫师。

第二轮语篇行动序列：

语境 1.2：论证者 1 所处的语境变化为请求亲王判决。

语篇功能 1.2：实现最终确认巫师的功能。

论证功能规则 1.2：请教亲王的毒药神谕可以最终确认巫师。

语境 2.1：论证者 2 所处的初始语境是，因为自己被指控为巫师而需要做出赔偿。

语篇功能 2.1：实现接受亲王判决的语篇功能。

论证功能规则 2.1：采取认可亲王判决并主动赔偿的方式，可以实现接受判决结果的功能。

第三轮语篇行动序列：

语境 1.3：巫师提出赔偿方式。

语篇功能 1.3：索要更高价值的赔偿。

论证功能规则 1.3：巫师赔偿不够，巫术"受害者"可以索要更高的赔偿。

语境 2.2：指控方索要更高价的赔偿。

语篇功能 2.2：表明没有条件满足指控方的要求。

论证功能规则 2.2：收成不佳的困难是无法满足指控方要求的原因。

第四轮语篇行动序列：

语境 1.4：巫师提出协商赔偿方式的请求。

语篇功能 1.4：接受巫师提出的协商赔偿方案。

论证功能规则 1.4：指控者接受经亲王确认的巫师协商赔偿方案。

从论证者 1 的角度看，他作为庄稼歉收事件的巫术"受害方"先行发起说理活动。他的立场主张过程是：第一步，根据私下请教的毒药神谕，先初步确定巫师的候选名单信息；第二步，将候选的巫师名单信息出示给亲王，再请亲王通过请教毒药神谕的方式予以确认；第三步，亲王根据自身请教的毒药神谕做出判决后，作为巫师的论证者 2 提出赔偿方案；第四步，根据论证者 2 的赔偿提议，论证者 1 与其开展基于物质条件的赔偿协商；第五步，经亲王判决认定，论证者 1 和论证者 2 均接受判决结果。该论证序列的过程分析详见图 4-1。

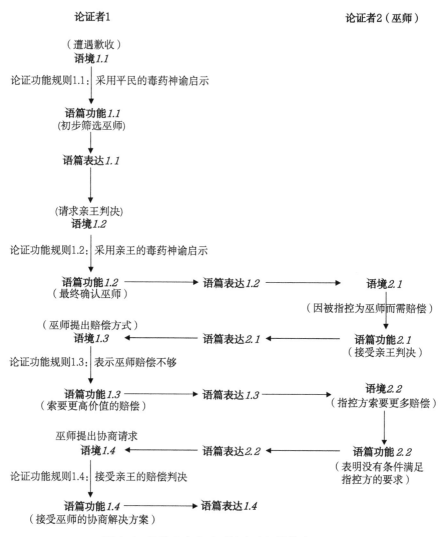

图4-1　情境2中索赔型神谕论证的基本结构图

在上述五个步骤的分析中,除了第四步是基于可感知观念而实施的互动之外,第一、二、三、五这四个步骤都是关于对抗巫术的赞德社会文化背景而展开的。这不仅表明可感知观念和超感知观念并存于赞德社会民事类案件审判的司法体系当中,而且体现了超感知观念在该说理过程中的主导地位。相较而言,关于赔偿的方式是可以根据巫师的经济条件来协商的,但亲王根据毒药神谕启示而做出的审判结果却是不容挑战的。

子情形2:如果平民的某种神谕揭示了某个人应对他人在健康、社会或经济等方面的预期损失(或仍在持续的损失)负责,那么遭遇预期的(或现实的)损失者可以劝使巫师停止伤害。从论证发起者的角度看,这种子情形中的论证目标是止损型的。

例如,为了防止巫师威胁自己的健康,赞德部落的平民会花费几天的时间准备并开展一系列的请教毒药神谕活动。这类活动主要是针对若干个人名向神谕询问,进而确认名单上的人是否是巫师。[1] 根据神谕启示,询问者的亲属会礼貌地要求巫师收回巫术、停止伤害,随后被指控为巫师者也会以虔诚的态度表示接受。[2] 从行为态度的角度看,阿赞德人认为采取这种提前询问毒药神谕的措施,能够劝说巫师停止或收回巫术伤害,进而阻止生病这种不幸状况的发生,因而是十分有必要的。[3]

子情形 3:如果平民的某种神谕揭示了某个人应对他人在健康、社会或经济等方面的一般既有损失负责,那么遭遇损失者通常并不会对此采取任何措施。与上述的子情形 2 相比,阿赞德人在这种情形下采取的无措施方案,反映了如下两个重要的基本事实。

一方面,神谕论证的取效性依赖于论证发起者所遭遇损失的严重程度,即在遭遇一般损失的情形下,阿赞德人并不会诉诸神谕启示的合理性来说服那个无法用一般经验事实来验证的巫师来为其负责。另一方面,神谕论证的取效性依赖于神谕本身的效力强度。皇族的毒药神谕启示是具有法律判决效力的,任何平民都不得违抗或质疑。相较而言,子情形 2 中平民的毒药神谕启示具有一定程度的说服效力,虽然它无法促使巫师做出赔偿,不过仍然可以使其配合地表态(即表示停止或收回巫术伤害)。但是,效力更弱的其他平民神谕却不能成为一种独立生效的说服理由,以劝使他人做出任何立场上的让步性表态,更不必说物质上的赔偿。

第二节　论证语境

一般说来,阿赞德人关注的问题集中在健康状况堪忧、妻子背叛出轨和农业狩猎无收等事项。[4] 他们在意的是直接涉及自身或孩子的身体状况、妻子忠诚与否以及粮食收成结果等切实的私人生活问题。根据神谕启示的

---

[1] E. E. Evans-Pritchard, *Witchcraft, Oracles and Magic among the Azande*, Oxford: Clarendon Press, 1937, p. 91.

[2] Ibid., p. 126.

[3] C. G. Seligman & B. Z. Seligman, *Pagan Tribe of the Nilotic Sudan*, London: George Routledge & Sons, Led, 1932, p. 523.

[4] E. E. Evans-Pritchard, *Witchcraft, Oracles and Magic among the Azande*, Oxford: Clarendon Press, 1937, pp. 261-262, 353-354, 358-360.

说服效力,以下将讨论三种常见的论证场景,分别是国王(或亲王)审判场景、平民占卜场景和巫医降神会场景。

一、国王(或亲王)审判场景

根据埃文思-普理查德的民族志文献记载,在赞德部落的法律程序中,每个成员都必须使用国王或亲王所请教的毒药神谕启示,其司法程序的实施情况直接依赖于毒药神谕的操作过程。对于这种具有高度制度性特征的审判行为而言,赞德部落的两类典型的判决场景分别是国王(或亲王)对巫术案和通奸案所作的审判。① 根据案件结果的差异,巫术案又可以划分为谋杀案和伤害案。

一方面,阿赞德人认为所有死亡事件都是巫师用巫术谋杀的结果,②即把死亡事件直接归因于巫术。这不仅是阿赞德人对死亡事件所持有的普遍社会观念,也是赞德法律程序中最重要的出发点。根据广义论证的语篇行动序列分析程序(详见本章第一节的论证序列分析),国王(或亲王)对谋杀案和伤害案的审判场景主要包括如下步骤:第一步,根据平民的毒药神谕启示,死者亲属或遭遇严重不幸者本人将所有怀疑的巫师名字悉数告知国王(或亲王);第二步,国王(或亲王)请自己的毒药神谕对这些被怀疑的巫师名字予以逐一确认;第三步,根据赞德社会的赔付惯例,经国王(或亲王)的毒药神谕启示确认为巫师者对指控方作出赔偿。③

另一方面,赞德部落中通奸案的审判也依赖于国王(或亲王)所请教的毒药神谕启示。与谋杀案、伤害案的审判程序相似,国王(或亲王)对通奸案的审判场景主要包括如下步骤:第一步,根据平民的毒药神谕启示,怀疑妻子对其不忠的丈夫携带小鸡前往国王(或亲王)的宫廷,指控他所怀疑的通奸者。第二步,被指控的通奸者通常表示他愿意做神谕测试,并从宫廷中选出一个有财产的正规侍从。第三步,被选的侍从代表亲王,让被控者将通奸的问题放在其毒药神谕面前进行测试。第四步,国王(或亲王)根据侍从请教毒药神谕所得的启示宣布测试结果,即以此确定通奸案的判决结果。④

① E. E. Evans-Pritchard, *Witchcraft, Oracles and Magic among the Azande*, Oxford: Clarendon Press, 1937, p. 267.

② C. G. Seligman & B. Z. Seligman, *Pagan Tribe of the Nilotic Sudan*, London: George Routledge & Sons, Led, 1932, p. 524.

③ E. E. Evans-Pritchard, *Witchcraft, Oracles and Magic among the Azande*, Oxford: Clarendon Press, 1937, p. 78.

④ E. E. Evans-Pritchard, *Witchcraft, Oracles and Magic among the Azande*, Oxford: Clarendon Press, 1937, p. 78.

二、平民占卜场景

只要客观条件允许,赞德平民都会出于抗击巫术的考虑,事无巨细地请教各种神谕。① 例如,在实施复仇魔法之前,实施者会针对谁会保持禁忌和制造魔法等问题请教神谕;在妻子怀孕期间,丈夫会针对生产地点、妻子在生产时的安全和孩子的安全等问题请教神谕;在某个平民死亡之后,其亲属会针对谁是致其死亡的巫师请教神谕;甚至在准备离开或赶赴朋友家的时候,他们也会就离开(或赶赴)的时间与方式请教神谕。此处将平民请教诸种神谕的行为统称为"平民占卜行为",并将发生这些行为的情境称为"平民占卜场景"。

按照神谕启示的从强到弱的效力排序,平民占卜场景主要包括:平民请教毒药神谕的场景、平民请教白蚁神谕的场景以及平民请教摩擦木板神谕的场景。从使用主题的角度看,如果为了保证各项社会事务的成功,或追踪犯罪、通奸、盗窃等行为,或将不幸(或失败、病痛)情形归因于巫术,那么赞德平民通常会请教毒药神谕。② 如果为了在月初的时候预知自己的健康情况,那么普通的赞德老人通常会请教白蚁神谕。③ 总体而言,这三种平民占卜场景的请教神谕程序基本是一致的。以下将通过分析平民请教摩擦木板神谕这个常见场景,揭示赞德社会中平民占卜场景的一般过程。

根据广义论证的语篇行动序列分析程序,此类场景包括的主要行动步骤是:第一步,在访友结束时,赞德平民掏出一个随身携带的摩擦木板神谕装置。该装置呈圆形或椭圆形的小桌状。第二步,在这一装置上挤压某种植物的汁液,再把一个装有水的盖子置于其上,并通过反复推拉盖子的方式请教摩擦木板神谕。例如,向摩擦木板神谕提问道:"为了防止在路上被巫师使坏,我究竟是在白天公开离开好,还是在晚上秘密出发好?"第三步,根据盖子的滑动情况来解读摩擦木板神谕的启示。第四步,根据神谕启示作出相应的决定。例如,如果神谕启示表明他应在晚上出发,他就会告诉朋友自己将在黎明前离开,朋友的其他家庭成员也会对他半夜里的不辞而别表示理解。如果神谕启示表明他可以在白天出发,但必须小心途中的巫术,那

---

① Ibid., p. 264.

② C. G. Seligman & B. Z. Seligman, *Pagan Tribe of the Nilotic Sudan*, London: George Routledge & Sons, Led, 1932, p. 530.

③ E. E. Evans-Pritchard, *Witchcraft, Oracles and Magic among the Azande*, Oxford: Clarendon Press, 1937, p. 354.

么他就会装作"随便闲逛、稍后返回"的模样先行出发。①

概言之,平民占卜场景具有较为显著的私密性和分歧性。一方面,从执行过程的角度看,平民占卜场景规模较小、旁观者较少(甚至没有旁观者),公开程度较低,因而具有较强的私密性。另一方面,从互动特征的角度看,作为占卜者和巫师的两方主体通常会出现直接的言语接触,因而具有较强的分歧性。

三、巫医降神会场景

为了抗击巫术伤害,阿赞德人(主要是平民阶级)在遭遇以下不幸情形的时候,通常会请巫医为其举行降神会:②

(1)某户主(为成年男性)或其妻生病;

(2)某户主担心他的孩子会受巫术的影响而生病;

(3)某户主打猎屡遭不顺;

(4)某户主疑因巫术影响而使其农作物歉收;

(5)某户主疑因巫术影响而使其妻子不育。

在阿赞德人看来,上述活动中的巫医不仅可通过魔药和舞蹈的作用向请教者披露巫术的位置(即揭示谁是巫师),还能够修复巫术所造成的伤害进而击败巫师。③ 由于巫医降神会的出席者人数众多、场面热闹,因而巫医启示还会对在场或临近的巫师产生威慑作用。埃文思-普理查德记录的以下案例可以展示典型的巫医降神会场景:

> (巫医)唱歌,其他人全心地跟着唱。后来他充满激情地跳起巫医舞蹈。跳了一会儿,他示意鼓声停下来,说:"既然我今天来这儿跳舞,就不会隐瞒让病人生病的那个巫师的名字。我一旦从你们这些人中看到他,就会把他的名字说出来。"病人的亲属哀求这位巫医当天一定要说出巫师的名字,因为病人的病情让他们深感焦虑。这位巫医说:"我是来治病的,病人肯定马上就会康复,给我一些礼物吧"。众亲属说,巫医说得很对,于是拿来一支矛送给他,他们又拿来一把大斧头送给他。每个人还另外送给他小礼物。一个人在送礼物的时候说:"你给我看看,我今年会不会死。"另一个人在送礼的时候说:"你给我看看,

---

① E. E. Evans-Pritchard, *Witchcraft, Oracles and Magic among the Azande*, Oxford: Clarendon Press, 1937, pp. 264-265, 364-365.

② Ibid., pp. 148-257.

③ Ibid., p. 164.

我是否会生病。"有人说:"你给我看看,我今年的谷物是否会丰收。"还有人说:"给我看看今年的打猎情况,是否有巫术一直干扰我的打猎。"有人又说:"看看我妻子的情况,她是否会按我送矛时提出的要求,给我生孩子。"巫医示意鼓手重新开始击鼓。鼓手击鼓,他跳舞片刻后又让鼓手停止,此时一片静寂。巫医拿出他的魔法哨吹起来,示意鼓手击鼓后,他又开始跳舞。这时巫医吃下的魔药开始在体内发挥作用。而通过魔药的作用,他开始清楚地看见巫术。①

从表达规范的角度看,巫医采取了一种影射性语言表达观点,而不是向公众直接给出启示。本书第五章第二节将对巫医的启示方式予以阐释,此处暂不赘述。从论证者的角度看,向巫医请教者可被看作参与说理活动的一方,巫师可被视为另一方。根据巫医启示,一方通过采取一系列仪式行为,公开表达震慑巫师的立场,从而说服作为巫师的另一方接受他的立场。例如,一方直接向另一方说出:"你就是巫术的实施者"。②

第三节　论　证　类　型

基于以上论证目标和语境分析,接下来将分别讨论赞德部落神谕论证的性质和类型。

首先,根据复仇或索赔的论证目标,考虑本章前述情境 1 和情境 2 的子情形 1。在情境 1 中,针对死亡事件或损失所有谷物庄稼的情形,论证发起者先根据平民的毒药神谕启示初步筛选出巫师"嫌疑人",国王(或亲王)再根据他所请教的毒药神谕启示,判决死者亲属或遭遇损失的庄稼主人向巫师采取复仇行为或索要赔偿。与此相似,在情境 2 的子情形 1 中,针对平民在健康、社会或经济等方面的一般损失情形,论证发起者先根据平民的毒药神谕启示初步筛选出巫师"嫌疑人",国王(或亲王)再根据他所请教的毒药神谕启示,判决遭遇损失者向巫师索要赔偿。从行动序列实施过程的角度看,这两种情形都符合国王(或亲王)审判场景的语境特征。因而,赞德刑事审判和民事审判中的论证程序可以表示如下:

例如,图 4-1 的基本结构图表明:从论证者 1 的角度看,语境 1.1 的语篇行动是信息寻求型论证,语境 1.2 的语篇行动是基于索赔目标的说服型

① E. E. Evans-Pritchard, *Witchcraft, Oracles and Magic among the Azande*, Oxford: Clarendon Press, 1937, pp. 164-165.
② Ibid., pp. 169-180.

论证,语境 1.3 是协商型论证(见图 4-2)。语境 1.1 和语境 1.2 的论证功能规则分别是,采用平民的毒药神谕启示和采用亲王的毒药神谕启示。因此,这两个语境下的论证实践都是典型的神谕论证。相较而言,语境 1.3 的论证实践是根据巫师的经济条件来协商的,并不依赖于任何神谕启示。

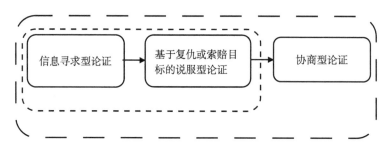

图4-2 赞德刑事审判和民事审判中的论证程序

其次,根据止损的论证目标,再考虑情境 2 的子情形 2。针对平民在健康、社会或经济等方面的预期损失或仍在持续的损失情形,论证发起者根据平民的某种神谕启示,劝使巫师停止或收回巫术伤害。这是一种基于止损目标的说服型论证,且该论证完全依赖于平民请教的某种神谕启示。

最后,根据其他论证目标,考虑情境 2 中的子情形 3。针对平民在健康、社会或经济等方面的一般既有损失情形,论证主体根据平民的某种神谕启示,通常并不会发起针对巫师的说理活动。他们使用神谕启示的目标仅在于,让自己在认知层面上知悉谁是暗中实施巫术而使自身遭受损失的人。这既是一种旨在发现并确认事态原因的信息寻求型论证(即找出造成相关损失的原因),也是一种在外显层面上终止主体间说理活动的说服废止型论证。原因在于,根据某种效力更弱的平民神谕启示,作为独白论证者的论证主体并不足以发起面向巫师的主体间说理活动,而只能完成面向自身的单主体劝服。例如,在平民占卜场景中,暗中根据某种神谕启示来进行占卜的赞德平民,都基于实现认知层面上的巫术归因动机而采取请教神谕行为。在这种信息寻求型自我论证的实施过程中,赞德平民甚至开展了具有侦查功能的多种实践活动,如根据平民请教的某种神谕启示来追踪通奸、盗窃等行为。

此外,作为情境 2 子情形 3 中说服废止型论证的一种补充策略,赞德平民在自行确认对其造成伤害的巫师之后,虽然不能直接向对方发起论辩,但是仍会通过举行巫医降神会的方式,对在场或临近的巫师做出威慑性的警告行为。从行为功能的角度看,这是一种基于警示目标的说服型论证。

第五章 神谕论证的社会
规范:禁忌与仪式

从广义论证的角度看,神谕论证取效性的获得依赖于论证者所遵循的社会规范,包括禁忌依从、操作合规、步骤正确等。基于语篇行动序列分析,本章将讨论神谕论证的禁忌规范和仪式规范。这两种规范分别是神谕论证预备阶段和说理阶段需要遵守的语言和行动标准,而后者又是神谕论证的表达规则。

第一节 禁 忌 规 范

根据《现代汉语词典》(1998)的语词解释,"禁忌"指的是犯忌讳的话或行动,"规范"的基本义是约定俗成或明文规定的标准。此章中"禁忌规范"意指阿赞德人在实施神谕论证之前的犯忌讳的语言和行动标准。总体而言,神谕论证的禁忌规范是以保持仪式层面上的洁净(clean)、避免玷污(pollution)这一本土观念为基础的。① 阿赞德人持有关于"洁净"观念的三种看法是:第一,神谕启示的正确性依赖于操作过程的洁净;第二,操作过程的洁净性是由行动者实现的;第三,应当防止因操作不当而造成神谕的"不洁"。② 为了避免玷污神谕启示,论证者必须遵守如下禁忌规范。

首先,阿赞德人在请教毒药神谕之前,原材料和仪式的准备都应当遵守性生活和饮食两方面的禁忌规范。在遵守禁忌并按传统方式使用的条件下,请教毒药神谕所使用的原材料被阿赞德人称为"本吉"(benge)。"本吉"一词的用法包括三种情形:(1)本吉$_1$:用来制成粉末的攀缘植物;(2)本吉$_2$:已制成的粉末本身,又称"神谕毒药";(3)本吉$_3$:神谕测试的整个过程,又称"毒药神谕"。严格地说,本吉$_1$并不是赞德观念中的本吉,而只是一种普通的木制品,本吉$_2$则是欧洲人根据化验分析出的自然属性而采取的

---

① E. E. Evans-Pritchard, *Witchcraft*, *Oracles and Magic among the Azande*, Oxford: Clarendon Press, 1937, pp. 283-290.
② Ibid., p. 287.

命名。①

　　在采集本吉的队伍出发前的数天,亲王、领队和每个队员都必须严格遵守这些禁忌:(1)禁止性行为;(2)禁止用油润滑身体;(3)禁止食用任何浅色毛皮的动物、象肉、鱼肉、蔬菜莫罗姆比达(morombida)和蔬菜姆博约(mboyo);(4)禁止接近棕榈油。否则,采集工作就会以灾难告终,本吉也会因此而失去功效。②

　　在举行请教神谕活动之前,所有为国王(或亲王)准备本吉者(包括实际准备者、法定操作者和提问者)必须遵守如下禁忌:(1)为确保嘴部不受污,必须食用深毛皮动物、芝麻、葫芦及花生,且禁止食用黏稠性食物、浅色毛皮动物、非洲水羚肉、红猪、象、鱼、与老鼠同色的非洲小羚羊、河马和南非林羚;(2)禁止性行为;(3)必须严格保密,不得与其亲属、亲兄弟、直系姻亲关系者等谈论有关请教亲王毒药神谕的事宜。否则,谈论者会被处死。③

　　其次,请教白蚁神谕(使用范围最广)的禁忌规范内容与毒药神谕相同,但是要求程度较为宽松,如可以缩短遵守禁忌的时长。即使因未遵守禁忌而导致自身不洁,请教白蚁神谕活动仍然可以进行。在这种情况下,避免玷污的挽救步骤是:安排一个赞德男孩割下树枝并将其插入白蚁堆,然后让这个男孩代表白蚁神谕的请教者致辞提问。④

　　再次,请教摩擦木板神谕的禁忌规范内容也与毒药神谕相同,但是要求程度比上述两种更宽松,甚至允许通过破坏摩擦木板仪式来化解因违反禁忌而造成的不洁,从而避免操作行为失效。此处"破坏摩擦木板"仪式指的是,将一块象皮(或鱼骨,或一截女性坐过的木头)烧掉,将燃烧的灰烬涂抹在摩擦木板的小桌桌面上,或直接在摩擦木板的小桌桌面上撒几滴煮过鱼的水。针对事先食用姆博约和莫罗姆比达这两种蔬菜而造成的不洁,阿赞德人认为只需用某种叶子揉搓双手即可消解。⑤

　　最后,在获得职业资格之前,巫医需要遵守饮食方面的禁忌。例如,禁止食用大象、疣猪、乌龟、仓鼠和野猫等动物的肉,以及坦德(tande)、恩武特(nvute)和苏里(Suri)等植物。不过,阿赞德人一般认为这些禁忌规范对巫

---

①　E. E. Evans-Pritchard, *Witchcraft, Oracles and Magic among the Azande*, Oxford: Clarendon Press, 1937, pp. 263-272.

②　Ibid., pp. 272, 276.

③　Ibid., pp. 290-291.

④　Ibid., p. 354.

⑤　Ibid., p. 370.

医的约束力较低。①

第二节　仪式规范

根据广义论证理论,论证者在采取语篇行动的过程中需要遵循相关的社会规范,又称作"论证表达规则"。② 作为一种典型的仪式行为,赞德部落的神谕论证也必须符合一系列严格的仪式规范,主要包括参与者在特定场景中遵守的程序标准、语言标准和行动标准。③ 人类学家埃文思-普理查德认为,神谕本身并不具备"揭示"巫师的功能。仅当操作者遵守了所有仪式限制、传统用法和所有权等方面的社会规范,神谕才具备这种特性。④ 因此,遵守仪式规范是确保神谕启示生效的必要条件。

根据神谕论证的语境(见第四章第二节),以下将分别讨论三种典型场景中神谕论证的仪式规范。由于平民占卜场景与国王(或亲王)审判场景中的请教毒药神谕的程序是一致的,因而将这两种情形合并分析。⑤

一、请教毒药神谕的仪式规范

请教毒药神谕的仪式包括两种情况:一种是国王(或亲王)请教毒药神谕,另一种是平民请教毒药神谕。由于前者涉及司法审判的公正性和有效性,因而具有更严格的仪式规范。基于广义论证框架的语篇行动序列分析,可以将请教毒药神谕的程序规范归纳为五个步骤,依次是调制黏液、到场就座、喂食本吉、提问本吉和保存证据。⑥

第一步,调制黏液。在其他参与者到达之前,操作者必须先把水带到指定地点,并为后续的请教仪式准备调制本吉黏液。⑦

第二步,到场就座。请教者携带小鸡走到目的地。到达后,提问者坐在小鸡对面。如果提问者已严格遵守禁忌规范,那么就坐在距离小鸡几英尺

---

① E. E. Evans-Pritchard, *Witchcraft, Oracles and Magic among the Azande*, Oxford: Clarendon Press, 1937, pp. 220-222.

② 鞠实儿:《广义论证的理论与方法》,《逻辑学研究》2020 年第 1 期,第 12 页。

③ E. E. Evans-Pritchard, "Oracle-magic of the Azande", *Sudan Notes and Records*, Vol. 11 (1928), pp. 22, 27, 37.

④ Ibid., p. 35.

⑤ E. E. Evans-Pritchard, *Witchcraft, Oracles and Magic among the Azande*, Oxford: Clarendon Press, 1937, p. 94.

⑥ E. E. Evans-Pritchard, *Witchcraft, Oracles and Magic among the Azande*, Oxford: Clarendon Press, 1937, pp. 269-272.

⑦ Ibid., p. 294.

远的位置;否则,必须坐在距离小鸡几码远的位置。其他未严格遵守禁忌规范的参与者应该坐得更远一些,以防玷污小鸡。当所有应到者均悉数到场之后,操作者往本吉粉末中加水。①

第三步,喂食本吉。操作者给小鸡喂食本吉。根据小鸡的不同大小,本吉的使用剂量为2—4剂。喂食步骤包括:先将葫芦中的水倒入树叶杯,再将杯里的水倒入本吉,然后伸入指尖进行搅拌,直至本吉呈为适度的浆糊状。当提问者发出指令时,操作者拿起小鸡并将鸡翼拉下(直至盖过鸡腿),然后将鸡翼固定在他的脚趾头间或脚下。随后,拿起草刷子在调稠的本吉中加以搅动,再折叠放入用叶子做成的过滤器中。完成这些步骤后,操作者掰开鸡嘴并将过滤器的末端伸入其中,再通过挤压过滤器而使本吉黏液流入小鸡的喉咙,然后迅速地上下摇动鸡头,进而使其咽下本吉。②

第四步,提问本吉。提问者、操作者和其他参与者都必须遵守相关的仪式规范。根据本吉所有者针对问题所作的指示,提问者向小鸡体内的本吉致辞。一般说来,当小鸡服下第二剂本吉时,致辞还应持续几分钟。即使采用同一个调式,提问者也必须变换提问形式。例如,提问者可以说:"如果情况如此,那么毒药神谕就杀死小鸡",或"如果情况如此,那么毒药神谕就宽恕小鸡"。当小鸡服下最后一剂本吉时,提问者仍须继续致辞并请操作者举起小鸡。如果小鸡没有死,提问者就继续致辞并请操作者把小鸡放在地上。如果被放在地上的小鸡依旧可以动弹,提问者仍须保持致辞状态。③

在致辞的过程中,提问者还应当遵守表述规范。虽然致辞内容并不限于固定言语,但必须使用一套传统叠句、几段意象和敬辞表达。致辞通常始于长篇追溯,逐一指出有助于阐明问题的每个久远细节之后,再将各个事实串连成融贯的事件图景。④ 例如,一位赞德男子想和某个女人结婚,他就此事请教毒药神谕的过程中发表了如下致辞:

　　"毒药神谕,我想与那个女人结婚,她会成为我的妻子吗?我们会一起建立家庭吗?我们将一起共度岁月吗?毒药神谕,听着,杀死小鸡。如果不是这样,我就像被挑破脓肿般难受——一个人的脓肿被挑破之后,会什么也吃不下——这就是有关那个女人的事情。如果我注

---

① Ibid., pp. 294-295.

② Ibid.

③ E. E. Evans-Pritchard, *Witchcraft, Oracles and Magic among the Azande*, Oxford: Clarendon Press, 1937, pp. 295-296.

④ Ibid., pp. 297-298.

定得不到她,不能和她结婚,毒药神谕,听着,让小鸡活下来。否则,毒药神谕,不要欺骗我;你会把她嫁给我,她会成为我的妻子,如果你针对我妻子这件事作了这样的判决,我会因此而赞美你。但愿你说话就像扎基里和莫拉格邦迪那样直率。毒药神谕,杀死小鸡。如果这一宣称不为真,毒药神谕,她不是我的妻子。尽管你和格布德威一样凶猛,如果你知道那个女人成不了我的妻子,毒药神谕,你就别让这只小鸡死去。毒药神谕,不要让小鸡因为我而发出叫声,让它为那个女人,即某某人的女儿发出叫声。毒药神谕知道她就是我的妻子。我将和她一起过日子,过10年;我将大大赞美你的判决,毒药神谕,我会说毒药神谕告诉了我关于妻子的事情,因为它的判决,我们现在在一起过日子——如果我应该这么说,毒药神谕,你就杀了这只鸡。哦! 如果情况并非如此,毒药神谕,她不会成为我的妻子;你是毒药神谕,尽管你和格布德威一样凶猛,毒药神谕,也别让这只小鸡死去——既然我不会和她结婚。毒药神谕,别让这只小鸡死去。”

对于操作者而言,如果小鸡被举几分钟后显示可以恢复,那么他就在鸡腿上系一条韧皮纤维并将它扔到地上。待请教毒药神谕的仪式结束后,操作者自行将小鸡带回家并解开鸡腿上的纤维带子;否则,如果小鸡被举几分钟后呈死亡状态,那么操作者就直接将小鸡扔到地上,而不需要给鸡腿系带子。当确定小鸡已死,操作者就将小鸡缠绕半圈本吉,以示呈与本吉。随后,折断一只鸡翼作为证据,并用草盖住鸡身。

自小鸡服用本吉后,在场的所有成年男性都必须谨言慎行。例如,必须拉紧并展开系于腰间的树皮布,必须避免任何无直接关联的闲谈,在需要说话时也必须压低音量,等等。如果参与者准备在仪式结束前就离开,那么必须先在一片树叶上吐唾沫,再将这片树叶放在自己就座的位置上。

提问步骤包含两次测试:第一次测试叫“班巴塔西马”(bambata sima),第二次测试叫“津戈”(jingo)。仅当两次测试满足如下条件,阿赞德人才将其视为一个有效判决(valid judgement):(1)如果在第一次测试中一只小鸡死去,那么第二次测试中另一只小鸡必须存活;(2)如果在第一次测试中一只小鸡存活,那么在第二次测试中另一只小鸡必须死去。[1]

第五步,保存证据。请教者砍下死鸡的一只鸡翼,把它插在削尖的小棍

---

① E. E. Evans-Pritchard, *Witchcraft, Oracles and Magic among the Azande*, Oxford: Clarendon Press, 1937, p. 298.

上,将羽毛呈扇子状展开。在仪式结束时将其带回家中,然后把它卡在小棚屋内的屋檐下或卡在神龛里,以此作为他取得毒药神谕启示的证据。①

除了上述一般程序的仪式规范之外,宫廷中请教毒药神谕还有三个特殊的仪式规范。第一,根据不同的行动者角色,国王(或亲王)请教毒药神谕仪式的参与者必须符合人员类别规范,即本吉的实际准备者、操作者、提问者和其他参与者。在平民请教毒药神谕的仪式活动上,本吉的准备者就是所有者。与此不同,宫廷的请教神谕仪式增加了本吉的实际准备者这一类别。从性别的角度看,本吉的实际准备者是住在宫廷后灌木丛中独立小棚屋内的年轻男性或男孩。② 一旦被国王指派这一任务,这些男孩就必须无条件地执行。直到国王认为他们已经长大,才会停止这种任务指派。为了防止实际准备者将秘密泄露给其他亲王,国王通常会在仪式结束后将其杀害,再寻找其他男孩接替其位置。③

一般而言,国王(或亲王)有 2—3 个专司毒药神谕监管工作的法定操作者。但是,这个职位并不具有长久、固定的任职者。他们大约工作一个月就必须回家,然后由其他人接替其职位。④ 除监管职能之外,操作者还需要把国王(或亲王)的问题带到毒药神谕面前,然后将神谕启示告知国王(或亲王)。在阿赞德人看来,如果这些法定操作者违反了禁忌,那么整个法律体系就会直接受损;如果他们操作不力,那么国王(或亲王)就无法发现对其造成伤害的巫术,甚至陷于危险之境。这意味着操作者不仅可以直接影响赞德法律的纯洁性,而且在一定程度上掌握了国王(或亲王)的命运。所以,他们的品行必须完全可靠。⑤

与操作者的仪式规范相似,国王(或亲王)毒药神谕的法定提问者也必须具备诚实的品质,且必须知晓如何为国王(或亲王)的事务保密。否则,就会被看作一种冒犯之举。此外,出于保密的考虑,其他参与者都是意欲获得神谕启示者的可信朋友。由此观之,宫廷中的请教毒药神谕活动也具有更严格的私密性要求。⑥

第二,依据不同的请教事宜,宫廷中请教毒药神谕活动必须遵守特定的

---

① E. E. Evans-Pritchard, *Witchcraft*, *Oracles and Magic among the Azande*, Oxford: Clarendon Press, 1937, pp. 94, 100, 105, 357.

② Ibid., p. 289.

③ E. E. Evans-Pritchard, *Witchcraft*, *Oracles and Magic among the Azande*, Oxford: Clarendon Press, 1937, pp. 289-292.

④ Ibid., p. 289.

⑤ Ibid., pp. 288-291.

⑥ Ibid., pp. 289-294.

仪式执行规范。根据事主所在的阶级,国王(或亲王)请教的事宜可划分为皇族事宜和平民事宜。皇族事宜主要涉及赞德部落的公共事务,如战事、干旱时供奉敬神植物、法律争端,等等;平民事宜主要涉及赞德平民的私人或家庭事务。① 相较而言,处理皇族事宜的过程耗时更长,场面规模更大。②

第三,国王(或亲王)请教毒药神谕的启示具有司法判决力,相关的仪式参与者必须遵守判决执行规范。根据上述有效判决的标准,被判定为巫师者直接执行神谕启示的判决结果。如果被亲王判定为巫师者对神谕启示表示质疑,可以申请暂不执行判决,进而诉诸国王的毒药神谕启示。一旦国王根据他的毒药神谕启示作出判决,被判定为巫师者就必须执行这个最终的判决结果。③

二、请教白蚁神谕的仪式规范

与毒药神谕相比,白蚁神谕为阿赞德人提供了一种更为廉价的请教神谕途径。他们只需要找到一个白蚁堆,将不同树木的两条树枝插入蚁堆的孔穴,第二天再返回查看哪个树枝被白蚁吃掉,据此即可得出白蚁神谕判决的结果。④ 与分析请教毒药神谕的语篇行动序列相似,以下将按照准备枝条、插入蚁堆、致辞陈述、解释启示和保存证据等五个步骤,依次给出请教白蚁神谕的仪式规范。

第一步,准备枝条。请教者走到自己的白蚁堆前,并在灌木丛中割下一根达克帕枝条和一根克波约枝条(或巴加拉枝条)。为了防止自己的白蚁受到干扰,禁止别人把树枝插在自己的白蚁堆。⑤

第二步,插入蚁堆。请教者将两根枝条插入白蚁堆。具体操作为,用长矛的手柄捅开一个通向白蚁堆的小洞,或者在白蚁堆旁打开一个蚁孔。⑥

第三步,致辞陈述。请教者对白蚁致辞,陈述所要请教的问题,完成后直接离开白蚁堆。致辞方式一般为:如果白蚁吞噬了达克帕枝条,那就是种不幸的预言;如果白蚁吞噬了克波约枝条,那就是种幸运的预言。例如,阿

---

① E. E. Evans-Pritchard, "Oracle-magic of the Azande", *Sudan Notes and Records*, Vol. 11 (1928), p. 6.

② E. E. Evans-Pritchard, *Witchcraft, Oracles and Magic among the Azande*, Oxford: Clarendon Press, 1937, pp. 289-290.

③ E. E. Evans-Pritchard, *Witchcraft, Oracles and Magic among the Azande*, Oxford: Clarendon Press, 1937, p. 292.

④ Ibid., p. 352.

⑤ Ibid., p. 354.

⑥ Ibid., pp. 353-354.

赞德人会对白蚁堆念咒:"哦,白蚁,如果今年我会死,你就吃掉达克帕枝条;如果我今年不会死,你就吃掉克波约枝条。"①

第四步,解释启示。第二天清晨,请教者返回白蚁堆,查看答案。根据白蚁吞噬树枝的情况,对白蚁神谕的回复作出解释。白蚁吞噬情况包括:

情形1,白蚁吞噬了达克帕枝条:表明白蚁神谕给出了一种不幸的启示。

情形2,白蚁吞噬了克波约枝条:表明白蚁神谕给出了一种幸运的启示。

情形3,白蚁并未吞噬其中的任何一根枝条:表明白蚁拒绝给出答案。因而,需要另找一个白蚁堆进行二次请教。

情形4,白蚁吞噬了两根枝条:表明白蚁神谕所给的答案并不是对问题的完整回答,而是部分回答。如果主要被吞噬的是达克帕枝条,那么答案更倾向于情况1;如果主要被吞噬的是克波约枝条,那么答案更倾向于情况2;如果两根枝条被吞噬的程度相同,那么认为白蚁只是由于饥饿而吞噬枝条,或因违反了某种禁忌而使白蚁神谕无法给出答案,或因巫术妨碍了白蚁神谕给出答案。此时的处理方式与情况3相似(或相同),需要改日另找一个白蚁堆进行二次请教。②

第五步,保存证据。请教者将被白蚁噬咬过的树枝保存在自己的神龛里、屋檐下或半敞的走廊上,以此作为获取白蚁神谕启示的证据。③

三、请教摩擦木板神谕的仪式规范

作为赞德社会最常用的一种神谕,摩擦木板神谕具有便携、易用和迅速高效等优势。其所用装置呈现为圆形或椭圆形的木质小桌(以下将这种装置称作"摩擦木板"),由"阴"(female)、"阳"(male)两部分构成。阴部分指的是由两只桌腿支撑的桌面和尾部,阳部分指的是与桌面相合的盖子状部分。基于广义论证的行动序列分析,以下将按照挤压植物、浸盖于水、待汁泛沫、致辞陈述和解释启示这五个步骤,依次给出请教摩擦木板神谕的仪式规范。④

第一步,挤压植物。操作者在小桌上挤压植物(如卡菲尔苹果)的汁

---

①　Ibid., pp. 354-355.

②　E. E. Evans-Pritchard, *Witchcraft, Oracles and Magic among the Azande*, Oxford: Clarendon Press, 1937, pp. 355-357.

③　Ibid., p. 357.

④　Ibid., pp. 359-367.

液,或磨碎各种树木。

第二步,浸盖于水。操作者把盖子浸入瓢里的水中,并把盖子平整的一面放在小桌上。

第三步,待汁泛沫。操作者等桌面汁液(或碎屑)接触湿盖后泛起泡沫。

第四步,致辞陈述。操作者坐在地上,将右脚放在木板尾部,用右手大拇指和食指反复推拉盖子。在推拉几个回合之后,开始请教摩擦木板神谕。一般的请教方式是:如果情况如此,摩擦木板就卡住不动;如果情况并非如此,摩擦木板就流畅滑动。从内容的角度看,所请教的问题相当宽泛。

例如,在里基塔(Rikita)亲王地区,一个名为津格邦多(Zingbondo)的赞德人和妻子为女儿定下一门亲事,但女儿坚决不从。在夫妇俩把女儿打了一顿之后,女儿离家出走了。两三天后,津格邦多的妻子针对女儿出走之事请教了摩擦木板神谕。首先,她问神谕女儿是否已死,盖子在小桌面上流畅滑动,即表明神谕给出否定回答。随后,她问女孩是否去了亲戚家,盖子粘合不动即表明神谕给出肯定回答。她继续提问,自己是否应该去寻找女儿,盖子流畅滑动,即表明神谕给出否定回答。最后,她问摩擦木板神谕,女儿是否会在三天之内回家,盖子粘合不动即表明神谕给出肯定回答。

第五步,解释启示。盖子稳固粘合意指摩擦木板神谕给出肯定的回答,盖子流畅滑动意指否定回答。如果盖子既非粘合不动,也非流畅滑动,而只能单边滑动或单边转圈,或交替出现粘合不动和流畅滑动,就意味着摩擦木板神谕此时拒绝作出启示,且表明该问题仍存让人疑惑之处或另有蹊跷。

四、巫医降神会的仪式规范

举行巫医降神会的最主要目的是获取公众的认可与支持,进而提高个人的尊严、名声与社会威望。根据邀请巫医的户主身份,赞德部落的巫医降神会有两种情形,分别是在宫廷举行的巫医降神会和平民举行的巫医降神会。前者代表权贵阶级,后者代表平民阶级。这种仪式活动主要表现为:在鼓声和锣声的伴奏下,一个(或几个)巫医跳舞、唱歌,并回答观众所提出的问题。基于广义论证的行动序列分析,以下将巫医降神会的一般仪式规范归纳为四个步骤,分别是服用魔药、携具前往、圈场备装和占兼歌舞。①

第一步,服用魔药。从功能的角度看,阿赞德人认为这些魔药不仅能使

① E. E. Evans-Pritchard, *Witchcraft*, *Oracles and Magic among the Azande*, Oxford: Clarendon Press, 1937, pp. 155-176.

人看见平时所无法看到的东西,而且能让人承受极度的疲劳。从作用机制的角度看,他们认为等魔药进入胃里,经过巫医舞蹈而使药物摇动起来并传至全身的各个部位,巫医就具有预言或占卜的能力。原因是处于活跃状态的魔药能够告诉巫医谁是巫师,甚至能够使其看见巫术的精神散发物。

第二步,携具前往。巫医戴着饰有羽毛的帽子,背负装有兽皮、兽角、魔法哨、腰带以及用各种野果和种子制成的脚镯和臂钏等仪式用具的大皮袋,前往受邀的家院。

第三步,圈场备装。到达受邀家院的时候,巫医完成圈划跳舞场地和穿戴歌舞服装这两方面的准备工作。按照赞德社会的惯例,鼓声响起时就有人在公开场地上撒下用来画圈的白灰。这个预留给巫医跳舞的圆圈不允许其他人进入;否则,巫医就会用黑锤子或骨头朝他身上掷去。在圈定好跳舞场地之后,巫医开始准备装束歌舞的服装。主要装饰物包括草帽、串状魔法哨、动物皮、铃铛和若干串橘红色种子。

第四步,占兼歌舞。巫医采取"寓启示于歌舞"的方式进行占卜,包括序幕部分和问答部分。序幕部分的行动指的是,巫医在锣鼓声伴奏下,以渐进的方式唱歌、跳舞。问答部分的行动指的是,巫医继续唱歌跳舞,同时先针对观众的提问,提供隐意性回答(oracular reply),再以一种肯定而挑衅的姿态给出启示。

观众提问的内容涉及健康、收成、生育等方面。例如,观众可以向巫医提出如下问题:"我今年会不会死""我是否会生病""今年谷物是否会丰收""帮我看看今年的打猎情况,是否有巫术一直在干扰我的打猎""看看我妻子的情况,她是否会按我送矛时提出的要求,给我生孩子"等。①

针对观众的提问,巫医必须先采取否定方式提供部分答案(即隐意性回答)。隐意性回答的表达规范是"某某不必对此事负责,我将针对其他可能的责任者继续跳舞"。例如,针对有关孩子疾病的问题,隐意性回答是"你的两个妻子不必对此事负责,我将针对此人的其他妻子继续跳舞";针对有关粮食歉收的问题,隐意性回答是"你家某个方向的邻居不必对此事负责,我会针对其他方向的邻居继续跳舞";针对有关打猎失败的问题,隐意性回答是"既不是成年女性,也不是年轻男性在实施破坏,我会针对其他可能破坏狩猎的平民继续跳舞"……此外,根据意义表征方式的特点,巫医所吟唱的歌曲可以划分为一般曲目和委婉曲目。一般曲目不使用典故或采

---

① E. E. Evans-Pritchard, *Witchcraft, Oracles and Magic among the Azande*, Oxford: Clarendon Press, 1937, pp. 164-165.

取暗喻方式，只包含显在意义。相较而言，委婉曲目使用典故、影射（或暗喻）方式，兼具显在意义与潜在意义。①

最后，巫医采取公开或不公开的方式，向提问者提供启示，即既可以在降神会上给出启示，也可以在降神会结束后提供。启示的表达规范是："那些用巫术伤害你的人，那些诽谤你的人，是某某，还有某某，还有……"或者"……还有某某，他也在做损害你的事情，一共就这×个人"。②

特别地，宫廷中的巫医降神会还表现出显著的阶级属性。第一，询问主题更有隐私性。在宫廷的巫医降神会上，作为观众的侍臣不应针对其私事向巫医提问，而平民的巫医降神会上，观众可以针对任何私人问题向巫医提问。第二，参与者必须按照位置就坐。国王（或亲王）单独地坐在一处，其幼子及听差坐在他身边的地上。代理人、武士头目和其他具有社会地位的人都必须保持距离，坐在国王（或亲王）的对面。第三，参与者构成具有单一性。从性别和职业构成的角度看，宫廷巫医降神会不允许成年女性和专职合唱队参与。在大多数情况下，巫医必须始终独唱，而不允许合唱队或其他参与者伴唱。仅在个别情形中，允许观众（除亲王以外）低声伴唱。第四，巫医具有更强的专业性。皇宫中的巫医身份是国王（或亲王）的臣民，且宫中巫医人数一般是1—2人。在单个场次的宫廷巫医降神会上，出席的巫医有且只有一人。虽然平民巫医降神会上的巫医也接受过行业训练，但是专业性较弱，他们与普通平民的区隔性特征也并不显著。第五，仪式场面具有含蓄性。作为皇族钦点的仪式，宫廷巫医降神会中所有出席者的行为举止都必须遵守皇宫的规范，表现得含蓄收敛、安静合宜（显著区别于平民巫医降神会上巫医的飞扬跋扈）。例如，在为亲王询问事宜跳舞占卜的时候，如果巫医发现巫师，也只会走到亲王面前，低声细语地向亲王说出巫师的名字。③

① E. E. Evans-Pritchard, *Witchcraft, Oracles and Magic among the Azande*, Oxford: Clarendon Press, 1937, pp. 171-172.

② Ibid., p. 166.

③ E. E. Evans-Pritchard, *Witchcraft, Oracles and Magic among the Azande*, Oxford: Clarendon Press, 1937, p. 168.

第六章 神谕论证的社会规范：理解与策略

本章聚焦于论证者如何根据认知语境理解构成神谕论证的语篇行动，将从内部视角解释阿赞德人在社会交往中采取何种符合其社会文化群体规范和习俗的方式，完成理解单个语篇行动的任务。基于神谕启示可靠性的社会规范，进一步指出若干个语篇行动序列如何进行功能性组合，从而构成论证者使用的语篇分块规则(或论证策略)。

第一节 理解规范

根据广义论证理论的语境原则和本土化原则，下面将基于阿赞德人的内部视角，解释论证者在多种典型语境下如何理解构成神谕论证的语篇，进而揭示他们在语言表达和思维方式等方面所遵循的社会规范。

一、基于国王(或亲王)审判场景的理解规范

根据第四章第二节基于国王(或亲王)审判场景的步骤分析，可以分别得出赞德部落刑事案件和民事案件的一般审判程序。刑事案件的审判程序包括四个步骤，依次是平民请教毒药神谕、平民将结果告知国王(或亲王)、国王(或亲王)请教毒药神谕、国王(或亲王)宣告审判结果。在不考虑协商赔偿的条件下，民事案件审判程序的前五个步骤依次是：平民请教毒药神谕；平民将结果告知国王(或亲王)；被指控为巫师者接受测试要求，并从宫廷里挑选侍从；侍从代表国王(或亲王)请教毒药神谕；国王(或亲王)宣告审判结果。这两类案件的审判程序可以表示为图 6-1、图 6-2。

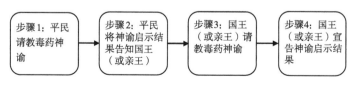

图 6-1 赞德刑事案件的审判程序

图 6-2　赞德民事案件的审判程序

从行为功能的角度看，图 6-1 中四个步骤的功能依次是：平民筛选嫌疑人信息、国王（或亲王）启动审判程序、国王（或亲王）实施审查程序、国王（或亲王）宣告判决结果。在图 6-2 中，步骤 3 和步骤 4 合起来才能实现说服功能，即国王（或亲王）实施审查程序。因而，这五个步骤实现的功能和刑事审判的功能模块是一致的。此处也可以采用可视化图的方式来表征审判场景中的行为步骤及其功能，详见图 6-3 和图 6-4。

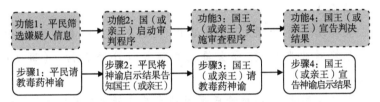

图 6-3　赞德刑事审判的步骤和功能

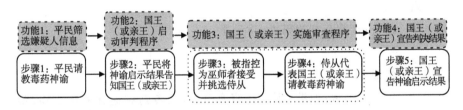

图 6-4　赞德民事审判的步骤和功能

从功能结构的角度看，这两类案件的审判都遵循了"侦查—起诉—审查—判决"四个阶段的司法程序。根据第四章第三节的论证性质分析，侦查阶段和审查阶段的行为分别体现为信息寻求型论证和基于复仇（或索赔）目标的说服型论证。从说理取效性的角度看，审查阶段所实施的语篇行动序列又是最具有相关性的。这意味着理解赞德法律论证的关键在于：指出毒药神谕启示的作用机制，进而解释其特有的社会文化意义。

根据请教毒药神谕的仪式规范，在由调制黏液、到场就坐、喂食本吉、提问本吉和保存证据这五个步骤构成的请教毒药神谕仪式中，提问步骤所包含的两次测试直接决定了能否在请教毒药神谕的过程中获得"有效判决"。

阿赞德人认为,获得有效判决的测试程序包括以下四种情形:①

　　情形1:
　　第一次测试:如果×须对此事负责,那么毒药神谕就杀死小鸡;如果×无须对此事负责,那么毒药神谕就让小鸡存活。(事实:小鸡死去。)
　　第二次测试:毒药神谕已通过杀死小鸡来宣称×须对此事负责。如果这一宣称为真(true),那么就让第二只小鸡存活。(事实:小鸡存活。)
　　结论:这是个有效判决。×有罪。

　　情形2:
　　第一次测试:如果×须对此事负责,那么毒药神谕就杀死小鸡;如果×无须对此事负责,那么毒药神谕就让小鸡存活。(事实:小鸡存活。)
　　第二次测试:毒药神谕已通过让小鸡存活来宣称×无须对此事负责。如果这一宣称为真,那么就让第二只小鸡存活。(事实:小鸡死去。)
　　结论:这是个有效判决。×无罪。

　　情形3:
　　第一次测试:如果×须对此事负责,那么毒药神谕就杀死小鸡;如果×无须对此事负责,那么毒药神谕就让小鸡存活。(事实:小鸡死去。)
　　第二次测试:毒药神谕已通过杀死小鸡来宣称×须对此事负责。如果这一宣称为真,那么就让第二只小鸡存活。(事实:小鸡死去。)
　　结论:这是个无效判决。

　　情形4:
　　第一次测试:如果×须对此事负责,那么毒药神谕就杀死小鸡;如果×无须对此事负责,那么毒药神谕就让小鸡存活。(事实:小鸡

---

① E. E. Evans-Pritchard, *Witchcraft*, *Oracles and Magic among the Azande*, Oxford: Clarendon Press, 1937, p. 300.

存活。)

第二次测试:毒药神谕已通过让小鸡存活来宣称×无须对此事负责。如果这一宣称为真,那么就让第二只小鸡存活。(事实:小鸡存活。)

结论:这是个无效判决。

仅当两次测试中的一只小鸡死去且另一只小鸡存活,毒药神谕的判决才能被阿赞德人接受为有效的。否则,必须另外选定时间、地点,再次向毒药神谕请教相关问题。一般而言,两次测试之间还应当相隔较长的一段时间。例如,在关于×是否犯通奸罪的审判场景中,提问者在第一次测试的时候说:"如果×有通奸行为,那么毒药神谕就杀死小鸡。如果×没有通奸行为,毒药神谕就让小鸡活下来。"结果,小鸡死了。在第二次测试中,提问者说:"毒药神谕通过杀死小鸡来宣称×有通奸行为。如果这个宣称为真,就让小鸡活下来。"结果,小鸡活了下来。①　以上两次测试过程符合情形1,因而这是一个有效判决,即×犯有通奸罪。

综上所述,基于国王(或亲王)审判场景的理解规范是:

第一,发生在赞德部落国王(或亲王)审判场景的行为适用于赞德审判程序,包括侦查阶段、起诉阶段、审查阶段和判决阶段。

第二,根据神谕论证的发生情境,赞德审判场景中的案件可以划分为刑事案件和民事案件。其中,刑事案件体现为巫术案,含谋杀案和伤害案;民事案件主要体现为通奸案。

第三,两类案件分别具有不同的功能结构。刑事案件审判的功能模块依次是:筛选嫌疑人信息、起诉、采取基于复仇(或索赔)目标的说服行为、判决;民事案件审判的功能模块依次是:筛选嫌疑人信息、起诉、采取基于索赔目标的说服行为、判决、协商赔偿。

第四,基于案件审判的功能模块构成,两类案件具有相应的行动步骤。刑事案件审判的行动步骤依次是:平民请教毒药神谕;平民将结果告知国王(或亲王);国王(或亲王)请教毒药神谕;国王(或亲王)宣告审判结果。民事案件审判的行动步骤依次是:平民请教毒药神谕;平民将结果告知国王(或亲王);被指控为巫师者接受测试要求,并从宫廷里挑选侍从;侍从代表国王(或亲王)请教毒药神谕;国王(或亲王)宣告审判结果。

---

① E. E. Evans-Pritchard, *Witchcraft, Oracles and Magic among the Azande*, Oxford: Clarendon Press, 1937, p. 300.

第五,每个行动步骤都必须符合请教毒药神谕的禁忌规范和仪式规范。第六,根据毒药神谕测试的有效判定标准,指出毒药神谕启示的含义。第七,根据国王(或亲王)毒药神谕启示的含义,指出案件的判决结果。

二、基于平民占卜场景的理解规范

根据平民占卜场景的主题特征(见第四章第二节),可以得出赞德平民在日常语境(非机构语境)下探究事态原因、预测事件状态和寻求决策信息的一般程序。区别于上述具有社会公共属性的审判场景,平民占卜场景反映了作为行动主体的阿赞德人所采取的认知与决策方式。基于行为步骤分析,可将赞德平民的归因、预测和决策程序表示为图 6-5、图 6-6 和图 6-7。

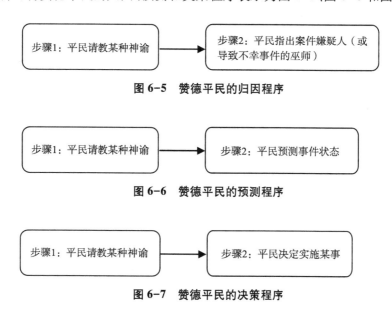

图 6-5　赞德平民的归因程序

图 6-6　赞德平民的预测程序

图 6-7　赞德平民的决策程序

进一步地,通过分析上述步骤的功能,可以得到相应的行动序列功能图,详见图 6-8、图 6-9 和图 6-10。

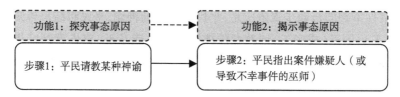

图 6-8　赞德平民归因的步骤和功能

从功能结构的角度看,赞德平民的归因遵循"探究—揭示"两个阶段的认知程序,预测遵循"预测—揭示"两个阶段的认知程序,决策遵循"寻求—

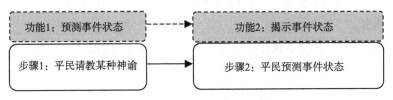

图 6-9 赞德平民预测的步骤和功能

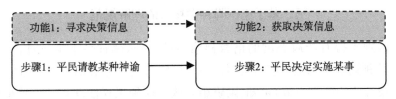

图 6-10 赞德平民决策的步骤和功能

获取"两个阶段的行动程序。根据社会惯例,阿赞德人在探究事态原因(如追踪盗窃、通奸案情等)的时候,倾向于请教说服效力较强的毒药神谕;在预测事件状态(如预知自己的健康状况)的时候,倾向于请教说服效力中等的白蚁神谕;在寻求决策信息(如确定访友结束方式)的时候,倾向于请教说服效力较弱的摩擦木板神谕。

根据请教毒药神谕、白蚁神谕和摩擦木板神谕的仪式规范,可以解释相应行为步骤所具有的社会文化意义,尤其是神谕启示的意义。如第五章第二和第三小节所述,请教白蚁神谕的仪式规范包括准备枝条、插入蚁堆、致辞陈述、解释启示和保存证据五个步骤,请教摩擦木板神谕的仪式规范包括挤压植物、浸盖于水、待汁泛沫、致辞陈述和解释启示五个步骤。这两种神谕启示的意义解释分别依赖于白蚁吞噬树枝的情况和盖子粘合的情况。

综上所述,基于平民占卜场景的理解规范是:

第一,根据论证者的意图,平民占卜可以划分为认知型和决策型这两种情况。其中,认知型占卜又可以划分为归因认知和预测认知这两种子情形。

第二,发生在赞德部落平民占卜场景的行为适用于归因、预测和决策程序,分别包括"探究原因—揭示原因""预测状态—揭示结果"和"寻求信息—获取信息"三种情况、两个阶段。

第三,三种占卜分别具有不同的功能结构。归因型占卜的功能模块依次是:探究事态原因、揭示事态原因;预测型占卜的功能模块依次是:预测事件状态、揭示事件状态;决策型占卜的功能模块依次是:寻求决策信息、获取决策信息。

第四,基于功能模块构成,三种占卜具有相应的行动步骤。步骤1都是请教某种神谕,而步骤 2 则是指出嫌疑人(或巫师)、预测事件状态或决定实施某事。

第五,每个行动步骤都必须符合请教毒药神谕、白蚁神谕或摩擦木板神谕的禁忌规范和仪式规范。

第六,解释特定类别的神谕启示含义。

第七,根据神谕启示,给出原因解释、结果预测或采取行动。

三、基于巫医降神会场景的理解规范

区别于持有严肃态度的请教神谕活动,巫医降神会不是只具备单一"揭示"神谕启示功能的仪式场景。由巫医降神会举办者的意图分析(见第四章第二节的第三小节)可知:阿赞德人认为这种仪式活动具备揭示巫师、击败并威慑巫师、修复巫术伤害的多重功能,见图 6-11。"揭示巫师"表明它具备为行动者提供追踪信息的认知功能,"击败并威慑巫师"表明它具备干预及控制人际关系的社会功能,"修复巫术伤害"表明它具备恢复原初状态的疗愈功能。因此,巫医降神会场景体现了阿赞德人针对巫师、巫术物质而采取的复合思维及行动方式,它包括:旨在揭示巫师的认知归因方式、旨在对抗巫术伤害的问题解决方式,以及旨在调节人际关系的社会交往方式。

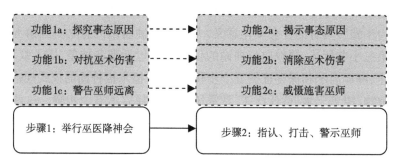

图 6-11　赞德巫医降神会的步骤和功能

从功能结构的角度看,巫医降神会场景反映了阿赞德人所采取的复合型归因、处置和警示程序。其中,归因遵循"探究—揭示"两个阶段的认知程序,处置遵循"对抗—消除"两个阶段的行为程序,警示遵循"警告—威慑"两个阶段的行为程序。根据巫医降神会的仪式规范,可以解释巫医言辞及歌舞等方面的行为意义。第五章第二节的第四小节已表明,该场景的仪式规范包含服用魔药、携具前往、圈场备装和占兼歌舞四个步骤。特别地,巫医针对观众提问所作的回答又包括两部分:第一部分是以排除无关影响者的方式提供的隐意性回答,第二部分是明示给出的巫师姓名信息。

综上所述,基于巫医降神会场景的理解规范是:

第一,根据论证者(即举办仪式的户主)的意图,巫医降神会可以划分为认知型和干预型这两种情况。其中,干预型又可以划分为处置干预和警示干预这两种子情形。

第二,巫医降神会是一种兼具归因、处置和警示的复合型程序,分别包含"探究—揭示""对抗—消除""警告—威慑"三种情况、两个阶段。

第三,复合型程序包含不同的功能结构。归因型认知程序的功能模块依次是:探究事态原因、揭示事态原因;处置干预型行为程序的功能模块依次是:对抗巫术伤害、消除巫术伤害;警示干预型行为程序的功能模块依次是:警告巫师远离、威慑施害巫师。

第四,基于功能模块构成,以上三种程序具有相同的行动步骤。步骤1是举办巫医降神会,步骤2是指认、打击、警示巫师。

第五,每个行动步骤都必须符合举行巫医降神会的仪式规范。

第六,从隐意和明示两个方面,解释巫医启示的含义。

第七,根据巫医启示解释原因,实施处置行为或警示行为。

第二节　论 证 策 略

出于语境分析的典型性和便利性考虑,本书在前面的章节中主要基于国王(或亲王)审判、平民占卜和巫医降神会这三种场景,按照"行为步骤—功能模块"方式讨论了阿赞德人的理解规范。这种自下而上的数据驱动型研究,确保了我们能够在不依赖任何先在模型的条件下刻画作为单个序列出现的语篇行动。然而,从表征社会复合行为的角度看,基于场景的行为序列分析本身就是一种切分语篇块的数据分析方式。此处需要进一步探讨的问题是,若干个单一序列是否会组合成更高阶的语篇块? 这也是广义论证基本结构层级分析和论证策略分析所关注的核心问题(见第二章第二节)。

根据埃文思-普理查德的民族志记载,阿赞德人常以"跨场景"的方式实施语篇行动。例如,针对时间紧急且重要程度较低,或者只需获得初步判断的事情,阿赞德人通常会选择请教小巧、便携而又廉价的摩擦木板神谕。如果时间更为宽裕,他们就会请教具备更高可靠性的白蚁神谕。但是,如果情况出现变化(如论证者希望找到造成亲属死亡的巫师并获得法律上的裁定),那么他就需要耗费更多的财资和时间,先自行请教毒药神谕,再请亲王请教毒药神谕。这个过程表明,作为平民占卜的初始场景已转变为亲王审判场景。① 因而,行动主体的论证策略就相应地表征为平民归因程序与刑事审判程序的复合体。这意味着某典型场景中的单个行为序列可以与其他场景的单个序列进行功能性组合,而且它们的组合结构就是论证者采取的论证分块规则(或论证策略)。

除了论证者目标和语境之外,约束论证策略的一个重要社会规范是神谕启示的"可靠性"(reliability),意指其实现的说服效力。首先,阿赞德人完全相信毒药神谕启示(甚至愿意冒着死亡的风险去采集原材料),且相信所有善的(good)毒药神谕在本质上都是相同的。② 根据本吉所有者的社会身份,毒药神谕启示又划分为平民的毒药神谕启示、亲王的毒药神谕启示和国王的毒药神谕启示。亲王和国王的毒药神谕启示均具有判决权,而国王的毒药神谕启示具有最终判决权。③ 同时,他们认为毒药神谕的"善"(goodness)依赖于本吉所有者、操作者和提问者的谨慎与美德。仅当严格遵守各种禁忌规范、妥善保存、正确操作且避免巫术干扰,才能确保神谕的"洁净"(不受"玷污"),从而"如实"提供启示。由于国王(或亲王)的本吉能够获得更严格的保存和操作,所以他们的毒药神谕启示比平民所得的启示具有更高的可靠性。其次,阿赞德人认为白蚁神谕启示的可靠性仅次于毒药神谕启示。最后,可靠性最弱的是巫医启示和摩擦木板神谕启示。虽然阿赞德人一般不在字面上将巫医启示称作"神谕",但仍然约定俗成地认为这也是众多神谕启示中的一种。④

根据启示的可靠性特征,阿赞德人的神谕论证遵循从弱到强的使用规范。在请教两种(或两种以上)神谕的情况下,先请教启示可靠程度较低的神谕,再请教可靠程度较高的神谕。例如,阿赞德人不会把白蚁神谕启示放在摩擦木板神谕的前面进行验证,也不会把毒药神谕的判定放在白蚁神谕前面验证。因而,请教的顺序规范依次是:(1)摩擦木板神谕或巫医降神会;(2)白蚁神谕;(3)平民的毒药神谕;(4)亲王的毒药神谕;(5)国王的毒药神谕。⑤

---

① E. E. Evans-Pritchard, *Witchcraft*, *Oracles and Magic among the Azande*, Oxford: Clarendon Press, 1937, p. 353.

② E. E. Evans-Pritchard, "Oracle-magic of the Azande", *Sudan Notes and Records*, Vol. 11 (1928), pp. 6, 21.

③ E. E. Evans-Pritchard, *Witchcraft*, *Oracles and Magic among the Azande*, Oxford: Clarendon Press, 1937, pp. 292, 343-344.

④ Ibid., pp. 91-97, 125, 149, 187-188, 292, 360-361.

⑤ E. E. Evans-Pritchard, *Witchcraft*, *Oracles and Magic among the Azande*, Oxford: Clarendon Press, 1937, p. 352.

第七章　神谕论证模式及其生效条件

首先,通过采取语篇层面上的功能分析,本章将给出基于论证者目标的六类赞德神谕论证模式。其次,从目标、语境和规则这三个方面,指出赞德神谕论证的生效条件。最后,基于赞德论证实践的人类学基础,对既有赞德逻辑研究中的矛盾问题做出回应。

第一节　论　证　模　式

根据第六章针对说理过程而实施的功能分析,以下可以得到基于论证者目标的六类赞德神谕论证模式,分别是基于审判、止损、归因、预测、决策和多重目标的神谕论证模式。

第一,根据案件性质,基于审判目标的神谕论证可以划分为两种子类。一种是基于刑事审判目标的神谕论证,另一种是基于民事审判目标的神谕论证。通过对论证者的语篇行动序列进行功能分析,进而指出相关功能所满足的审判子目标,第六章第一节已经表明:在不考虑协商赔偿(仅适用于民事案件)的条件下,赞德部落审判的一般司法程序包括"侦查—起诉—审查—判决"四个阶段。区别于现代司法体系主要采取警察机关承担侦查任务的方式,赞德部落的侦查程序不仅是在国王(或亲王)受理案件之前就必须完成,而且是由作为起诉方的论证主张者通过自行请教毒药神谕的方式单独完成的。根据赞德司法程序各阶段的子目标,可以得出两种基于审判目标的神谕论证模式,见表7–1和表7–2。

表 7–1　基于刑事审判目标的神谕论证模式

（P1）平民 X 应该接受平民 Y 亲属（或 Y）采取复仇或索要赔偿的刑事判决
P1.1　平民 Y 亲属（或 Y）已完成侦查程序
P1.1.1 平民 Y 亲属（或 Y）请教的毒药神谕揭示 X 是造成 Y 死亡（或全部谷物庄稼损失）的巫师
P1.1.1′ 如果平民 Y 请教的毒药神谕揭示 X 是造成 Y 死亡（或全部谷物庄稼损失）的巫师,那么 X 是造成 Y 死亡（或全部谷物庄稼损失）的巫师
P1.2　平民 Y 亲属（或 Y）已完成起诉程序

P1.2.1 平民 Y 亲属(或 Y)将其请教的毒药神谕启示告知国王(或亲王)

P1.2.1′ 如果平民 Y 亲属(或 Y)将其请教的毒药神谕启示告知国王(或亲王),那么平民 Y 亲属(或 Y)已完成起诉程序

P1.3　国王(或亲王)已实施审查程序

P1.3.1 国王(或亲王)已请教毒药神谕

P1.3.1′ 如果国王(或亲王)已请教毒药神谕,那么国王(或亲王)已实施审查程序

P1.4　国王(或亲王)已完成判决程序

P1.4.1 国王(或亲王)请教的毒药神谕揭示 X 是造成 Y 死亡(或全部谷物庄稼损失)的巫师

P1.4.1′ 国王(或亲王)请教的毒药神谕揭示 X 是造成 Y 死亡(或全部谷物庄稼损失)的巫师,当且仅当 X 是造成 Y 死亡(或全部谷物庄稼损失)的巫师

P1.5 国王(或亲王)认可平民 X 和 Y 的协商赔偿方案 S_n

P1.5.1 平民 Y 接受协商的赔偿方案 P_n

P1.5.1.1 平民 X 向 Y 提出初始赔偿方案 P_1

P1.5.1.2 平民 Y 向 X 提出价值更高的赔偿方案 P_2

P1.5.1.3 平民 X 向 Y 提出协商赔偿的请求 R

P1.5.1.4 平民 Y 接受 X 的协商赔偿请求 R

P1.5.1.5 平民 X 提出协商后的赔偿方案 P_n

P1.5.1.5a 平民 X 陈述物质条件的困难 T

表 7-2　基于民事审判目标的神谕论证模式

(P2)平民 X 应该接受平民 Y 索要赔偿的民事判决
P2.1　平民 Y 已完成侦查程序 　P2.1.1 平民 Y 请教的毒药神谕揭示 X 是造成 Y 损失的巫师 　P2.1.1′ 如果平民 Y 请教的毒药神谕揭示 X 是造成 Y 损失的巫师,那么 X 是造成 Y 损失的巫师 P2.2　平民 Y 已完成起诉程序 　P2.2.1 平民 Y 将其请教的毒药神谕启示告知国王(或亲王) 　P2.2.1′ 如果平民 Y 将其请教的毒药神谕启示告知国王(或亲王),那么平民 Y 已完成起诉程序 P2.3　国王(或亲王)已实施审查程序 　P2.3.1 平民 X 表示接受国王(或亲王)的神谕测试,且指派一名代表国王(或亲王)的宫廷侍从 Z 　P2.3.2 宫廷侍从 Z 代表国王(或亲王)请教毒药神谕 　P2.3.1′ 如果宫廷侍从 Z 代表国王(或亲王)请教毒药神谕,那么国王(或亲王)已实施审查程序

P2.4　国王(或亲王)已完成判决程序

　　P2.4.1 国王(或亲王)请教的毒药神谕揭示 X 是造成 Y 损失的巫师

　　P2.4.1′ 国王(或亲王)请教的毒药神谕揭示 X 是造成 Y 损失的巫师,当且仅当 X
　　　　　 是造成 Y 损失的巫师

　　P2.4.2 国王(或亲王)请教的毒药神谕揭示 X 是造成 Y 损失的巫师

　　第二,基于止损目标的神谕论证适用于论证发起者在健康、社会或经济等方面遭遇现实损失或预期损失的情形。通过告知己方所请教毒药神谕的启示,赞德平民要求被神谕揭示的巫师收回巫术、停止伤害,而作为论证者另一方的巫师表达虔诚接受的态度。与基于审判目标的神谕论证相比,虽然此类论证不具有司法裁定效力,但仍然能够产生促使对方采取接受态度的言后效果,论证模式详见表7-3。

表7-3　基于止损目标的神谕论证模式

(P3)平民 X 应该接受平民 Y 提出的停止巫术伤害请求

P3.1　平民 X 是造成 Y 现实损失(或预期损失)的巫师

　　P3.1.1 平民 Y 请教的毒药神谕揭示 X 是造成 Y 现实损失(或预期损失)的巫师

　　P3.1.1′ 如果平民 Y 请教的毒药神谕揭示 X 是造成 Y 现实损失(或预期损失)的
　　　　　 巫师,那么 X 是造成 Y 现实损失(或预期损失)的巫师

P3.2　平民 Y 请求 X 停止巫术伤害

　　第三,基于归因目标的神谕论证是论证者在认知层面上实现自我说服的重要途径。区别于旨在劝使巫师作出赔偿或停止伤害的神谕论证,这种表现为单主体形式的说理活动废止了主体间的说服行为。从说服效用的角度看,基于归因目标的神谕论证又可以被看作“说服废止型论证”,论证模式见表7-4。因为,有且只有皇族的毒药神谕启示才具备关于复仇或赔偿的判决效力。除了上述通过平民毒药神谕启示来实现针对巫师的止损目标之外,平民自行请教的神谕启示并不能对受众产生任何说服效果。

表7-4　基于归因目标的神谕论证模式

（P4）平民 Y 应该相信平民 X 是造成 Y 损失的巫师
P4.1　平民 Y 请教的毒药神谕（或白蚁神谕、摩擦木板神谕、巫医启示）揭示 X 是造成 Y 损失的巫师
P4.1′　如果平民 Y 请教的毒药神谕（或白蚁神谕、摩擦木板神谕、巫医启示）揭示 X 是造成 Y 损失的巫师，那么 X 是造成 Y 损失的巫师

第四，与旨在实现归因认知的神谕论证相似，基于预测目标的神谕论证也是单一论证者在认知层面上实现的另一种自我说服行为。直观而言，根据自行请教的白蚁神谕启示，平民阶级的论证者相信可以推测出某个尚未发生的事件状态。相关的神谕论证模式详见表7-5。

表7-5　基于预测目标的神谕论证模式

（P5）平民 Y 应该相信尚未发生的事件状态 S
P5.1　平民 Y 请教的白蚁神谕揭示将会出现事件状态 S
P5.1′　如果平民 Y 请教的白蚁神谕揭示将会出现事件状态 S，那么很可能出现事件状态 S

第五，区别于旨在实现归因认知或预测认知的前两种神谕论证，基于决策目标的神谕论证是论证者在行为层面上实现自我说服的重要途径。根据自行请教的某种神谕启示（含毒药神谕、白蚁神谕、摩擦木板神谕和巫医的启示），平民阶级的论证者认为应该采取（或不采取）某个行动。基于决策目标的神谕论证模式详见表7-6。

表7-6　基于决策目标的神谕论证模式

（P6）平民 Y 应该采取行动 A
P6.1　平民 Y 请教的毒药神谕（或白蚁神谕、摩擦木板神谕、巫医启示）揭示 Y 应该采取行动 A
P6.1′　如果平民 Y 请教的（或白蚁神谕、摩擦木板神谕、巫医启示）揭示 Y 应该采取行动 A，那么平民 Y 应该采取行动 A

第六,基于多重目标的神谕论证适用于巫医降神会场景,相关论证模式见表7-7。第六章第一节的第三小节已表明,该场景不是只具备单一"揭示"神谕启示功能的仪式场景。赞德平民认为,举办巫医降神会不仅能够发现、打击并警示巫师,而且可以修复巫术所造成的伤害。因而,此处所说的"多重目标"包括打击目标、警示目标和修复目标。值得注意的是,采取"行为—功能"范式的功能分析还表明:在巫医降神会场景中,语篇行动与其所实现的功能之间并不满足一一对应的映射关系。

表7-7　基于打击、警示和修复三重目标的神谕论证模式

(P7)平民 Y 应该相信平民 X 是造成 Y 损失的巫师,X 已被打击、警示,且巫术伤害已被修复
P7.1　平民 Y 已举办巫医降神会 P7.1′　如果平民 Y 已举办巫医降神会,那么巫师已被打击、警示,且巫术伤害已被修复 P7.2　巫医揭示平民 X 是造成 Y 损失的巫师 P7.2′　如果巫医揭示平民 X 是造成 Y 损失的巫师,那么 X 是造成 Y 损失的巫师

第二节　论证模式的生效条件

从识别论证模式的角度看,本章第一节所提取的六类神谕论证模式依赖于目标、语境和规则这三个方面的条件。这三个条件既是神谕论证模式的生成条件,也确保了论证者在赞德社会使用这些论证模式的时候能够产生说服效用(即获得取效性),故以下将其称为"神谕论证模式的生效条件"。

第一,神谕论证模式的立场是根据论证者目标来确定的。本书首要关注针对巫师而开展的主体间说服行为,因而将论证发起者的目标划分为复仇型、索赔型和止损型。由于前两种类型代表了赞德部落中具有司法判决效力的强论证,因此将其特别表征为"刑事审判目标"和"民事审判目标"。通过讨论单主体的自我说服行为,又将论证发起者在认知和行动层面上的目标扩展为归因型、预测型和决策型。进一步地,通过分析单主体目标和主体间目标的复合类型,识别出基于巫医降神会场景的多重目标。

第二,根据广义论证理论的语境原则和本土化原则,本书基于内部的主位视角,重点描述国王(或亲王)审判场景、平民占卜场景和巫医降神会场景这三种典型的说理语境。根据场景的制度性或惯习性特征,确定说理活

动所在的问题领域。按照所在领域的问题解决程序,采取神谕论证研究的社会文化解释途径。通过在赞德部落成员之间的社会互动中考察神谕论证,尤其是在这三种社会文化语境下解释说服型互动和协商型互动的说理过程,揭示了具有语境敏感性的神谕论证在赞德公共生活和私人生活中的作用机制。

第三,区别于西方论证理论使用的推理规则或讨论规则,本书采取"直接社会化"的方式,从规范制约的社会互动角度描述神谕论证活动。这些规范未被阿赞德人明确表述,是在神谕论证活动中被论证者习得并使用的。基于国王(或亲王)审判、平民占卜和巫医降神会这三种场景化语境,先从语篇行动序列的角度分析了论证者在语篇选择过程中遵循的仪式规范,即神谕论证的表达规则。同时,拓展地分析了说理预备阶段所遵循的禁忌规范,可将其视为神谕论证的非表达规则。进一步地,从"行为步骤—功能模块"的角度分析论证者在场景化语境中理解语篇行动所遵循的语言表达和思维方式方面的社会规范,即理解规则。在识别功能模块的过程中,基于行为步骤的功能分析而得出的社会规范就是神谕论证的功能规则。

综上所述,赞德神谕论证的生效条件是:

(1)目标条件

根据论证主体的数量,论证者(主要指论证发起者)目标可划分为主体间的说服目标、单主体的自我说服目标和多重目标。主体间的说服目标包括三种子类,分别是旨在复仇或索赔的刑事审判目标、旨在索赔的民事审判目标和旨在停止巫术伤害的止损目标。单主体的自我说服目标包括两种子类,分别是旨在促进认知和旨在促进决策的自我说服目标。其中,旨在促进认知的自我说服目标又包括归因认知目标和预测认知目标,旨在促进决策的自我说服目标指的是行为决策目标。多重目标指的是单主体说服目标和主体间说服目标的复合情形。在单主体说服的层面上,旨在实现归因认知并修复巫术伤害。在主体间说服的层面上,旨在信服地打击和警示对方(即巫师)。

(2)语境条件

神谕论证的使用语境具有场景化特征。根据神谕启示的说服效力,约束赞德说理活动的三种典型的场景化语境依次是:国王(或亲王)审判场景、平民占卜场景和巫医降神会场景。其中,国王(或亲王)审判场景可以分为刑事案件的审判场景和民事案件的审判场景。刑事审判场景的适用神谕论证是信息寻求型和旨在复仇(或索赔)的说服型,民事审判场景的适用神谕论证包括信息寻求型、旨在索赔的说服型和协商型。

（3）规则条件

基于条件（2）中的三种场景化语境，神谕论证应遵循约束说理预备阶段行动的禁忌规范和约束说理阶段行动的仪式规范，又称"非表达规则"和"表达规则"。每个场景化语境中的理解规范（又称"理解规则"）包括为七个组成部分：第一，行事类别；第二，行事阶段；第三，构成各类行事的功能模块；第四，构成功能模块的行为步骤；第五，各个行为步骤的禁忌规范和仪式规范；第六，神谕启示的获取程序；第七，神谕启示的释义。其中，由若干个功能模块组成的功能结构（即第三部分）就是该场景化语境的适用功能规则。

从论证者的内部视角来看，满足上述生效条件的神谕论证是被赞德社会文化群体接受且正常干预其公共生活和日常生活的，即被该群体认为是合理的。反之，如果神谕论证被其认为不合理，就会导致该群体拒绝使用已有的、合规范性方法，从而使正常的分歧解决和个人认知、决策等受到负面影响。从广义论证的角度看，作为地方性知识的神谕论证适用于赞德社会文化群体，因而在描述的层面上具备"局部合理性"。从论证评价的角度看，这也显著地区别于现代西方逻辑采取的普遍合理性标准。另外，基于广义论证的地方性知识研究还表明：由于"不存在普遍的文化，且特殊文化中的主流文化和主流外的其他文化都不具备判定除自身以外的其他文化的知识合理性的条件"，"只有本文化群体有能力和权利对产生其中的知识合理性（或不合理性）做出辩护（或拒斥）"。因此，神谕论证在规范的层面上也具备局部合理性。[①]

第三节　关于矛盾问题的回应

基于此，我们有必要重新考察阿赞德人有关巫术物质与巫师的如下信念：

1. 所有的巫师（且只有巫师）具有巫术物质；

2. 巫术物质总是同性遗传；

3. 赞德氏族是通过男性血缘关系组成的人群；

4. 某氏族 C 中的某位男性成员 A 是巫师。

此处的一个批判性问题是：巫术物质的遗传性是不是判定巫师的唯一标准？如果答案是肯定的，那么可以推出信念5，即"如果氏族 C 中的某位

---

① 鞠实儿、贝智恩：《论地方性知识及其局部合理性》，《科学技术哲学研究》2020 年第 2 期。

男性成员 A 具有巫术物质,那么氏族 C 中的每位男性成员都是巫师"。但是,如果答案是否定的,那么由此做出的推理就是缺乏真前提的。第三章已表明,赞德巫术不仅具有遗传属性,而且具备性别、阶级和年龄等方面的社会文化特征。

根据这三个方面的社会文化特征,巫师身份的确认是建立在主体间"指控"关系的基础之上的,而通过解剖来查看巫术物质的做法是被赞德法律所明确禁止的。这表明,阿赞德人并不是根据巫术物质的遗传性来判定巫师身份的。从论证取效性的角度看,国王(或亲王)的毒药神谕启示才是唯一能够"合法地"确认巫师身份的理由,而说服效力递减的平民毒药神谕启示、白蚁神谕启示、摩擦木板神谕启示和巫医启示则具备不同程度的民间判定功能。同时,该判定途径也为前述采取科学知识社会学视角的思想实验式解释提供了充分的事实证据。因此,若是在缺乏完整人类学基础的条件下讨论阿赞德人的矛盾问题,这个研究起点的选择本身就是存在问题的。

从广义论证的角度看,阿赞德人的神谕论证"既不按照我们习以为常的方式递归地生成,也不如同我们那样时刻注意避免矛盾。一旦面临矛盾,非形式逻辑至多允许我们从不一致信息推出具有启发性的论断;而阿赞德人则毫不体察我们能识别的矛盾,进而得出他们对之确信无疑的结论"。①就赞德逻辑研究关注的矛盾问题而言,关键在于分析阿赞德人对巫师身份的认定是否持有不一致的(inconsistent)信念。基于主位视角的内部化分析,以下将从阿赞德人的信念特征、行为特征和神谕论证的生效条件这三个方面予以讨论。

首先,阿赞德人关于巫师身份判定的信念是建立在"对抗巫术伤害"这个核心原则的基础之上的。由第四章的论证语境分析可知,阿赞德人持有的关于巫术伤害的信念具有高度的语境依赖性。因此,基于对抗巫术的巫师判定信念也是语境敏感的。从信念特征的角度看,所有关于巫师判定的信念都是在语境化条件下表征为问题解决导向的,而不是本体论导向的。在由巫术信仰和(用以对抗巫术的)神谕信仰所共同构成的信念网络中,不仅每个组成部分都依赖于其他部分而存在,而且阿赞德人也根本无法摆脱这个信念网络,因为这是他们知晓的唯一世界。这个网络并不是将其封闭于内的外在结构,而就是他们的思想结构本身。在这个思想结构内部,他们

---

① 鞠实儿:《论逻辑的文化相对性——从民族志和历史学的观点看》,《中国社会科学》2010年第 1 期,第 42 页。

无法想象自己的思想是错误的。① 由此可见,旨在解决情境化实践问题的巫师判定信念适用于语用分析的方法,而不是语义分析的方法。

其次,阿赞德人采取的巫师判定程序并不会导致不一致的结果。如前所述,巫师判定依赖于各种神谕启示和巫医启示的"揭示"功能。这意味着在不同神谕(或巫医)所揭示的信息不是同一的情况下,就会出现巫师判定结果的不一致。然而,阿赞德人采取的如下标准,确保了他们能够在实践层面上避免这种不一致的结果。第一,采用两次测试标准。正如第六章第一节指出的,在请教毒药神谕的过程中,仅当两次测试中的一只小鸡死去且另一只小鸡存活,毒药神谕所作出的巫师认定才能被阿赞德人接受为"有效"。第二,采用权威阶序标准。如果出现多种神谕启示不一致的情形,那么仅有国王(或亲王)请教的毒药神谕启示是受到赞德法律认可的。通过使用这种"诉诸权威"的论证,赞德社会确立了巫师判定问题的最终解决途径。在赞德平民中,如果出现多种神谕启示的不一致,就根据平民请教的毒药神谕启示、白蚁神谕启示、摩擦木板神谕启示或巫医启示的顺序,优先采纳排序在先的启示。第三,采用操作方式标准。如果出现同类神谕启示不一致的情形(如两个平民分别获得的毒药神谕启示不同一),就在操作层面上反向诉诸禁忌规范和仪式规范(如将某种错误的启示结果解释为"因未遵守禁忌而'玷污'神谕")。第四,采用其他补充性解释。例如,将某种错误的巫师判定解释为仅具有"冷的"巫术物质(无伤害性),而不会诉诸经验性的解剖证据。②

最后,赞德神谕论证的生效条件确保了巫师判定结果的一致性。赞德神谕论证的生效条件包括目标条件、语境条件和规则条件。参照广义论证的形式化表达和可计算化处理程序,可以对神谕论证模式进行局部合理的重建。进一步地,基于结构化论证框架 *ASPIC+*,可以定义一个基于目标、语境和规则的形式论证系统。该系统将重点刻画神谕论证互动过程中的语境动态切换和基于对目标的不同排序而获得的不同主体偏好,并在论证者的偏好有差异的情况下,得出主体间的共识性结论,从而避免将具有局部合理性的神谕论证评估为基于普遍(强)合理性标准的"诉诸权威谬误"③。

综上所述,从阿赞德人的内部视角来看,他们持有的巫师判定信念具有

---

① E. E. Evans-Pritchard, *Witchcraft, Oracles and Magic among the Azande*, Oxford: Clarendon Press, 1937, pp. 194—195.

② E. E. Evans-Pritchard, *Witchcraft, Oracles and Magic among the Azande*, Oxford: Clarendon Press, 1937, p. 25.

③ 鞠实儿等:《论证挖掘与论证形式化》,科学出版社 2022 年版,第 232—240 页。

语境敏感性,即关注"巫师"的语用涵义,而不是语义蕴涵。所以,赞德逻辑实际上与所谓的矛盾问题并无关联。从开展比较研究的外部视角来看,不仅阿赞德人在行为层面上实施的巫师判定并未导致不一致的结果,而且神谕论证的生效条件也保证了采取多种巫师判定途径而形成的信念具有一致性,因而是无矛盾的。

结　语

　　1937 年,埃文思-普理查德正式出版了民族志《阿赞德人的巫术、神谕和魔法》,首次提出赞德逻辑存在矛盾的观点。20 世纪 60—70 年代,因其独特的异族(或异域)属性,“阿赞德人的信念”引起了温奇、布鲁尔等哲学家的盎然兴趣,并由此展开了一场关于合理性的讨论。与埃文思-普理查德不同的是,彼时的研究者认为赞德逻辑并不存在矛盾。自上世纪 80 年代以来,主张赞德逻辑“无矛盾”和“有矛盾”的立场开始在现代逻辑研究中呈现分庭抗礼之势。纵观 80 余年的赞德逻辑研究史,一个显著的共同特征是:无论是否主张赞德逻辑存在矛盾,这些研究都往往局限于有关巫师信念的四页民族志文献,根据西方传统逻辑及其在现代的发展来整理、解释或重构赞德逻辑。这种基于西方合理性框架的外部化分析看似更为精致,但往往容易陷于穿凿附会,甚至存在削足适履之嫌。

　　为了摆脱这一困境,本书力图寻找一种既能揭示论证模式或逻辑形式,又能考虑社会文化因素的研究路径。一方面,西方巫术研究和实践推理研究的方法在一定程度上有助于理解阿赞德人的思维方式和实践推理方式,但并不足以兼顾上述两个方面的研究目标。另一方面,西方论证理论能够将主体、社会和语境因素纳入论证过程的特征刻画,且通过使用功能分析方法可以突破标准结构模型的一些形式限制。但问题在于,这些适用于部分西方社会的标准和方法,似乎并不适用于非西方社会背景下的赞德说理活动。有鉴于此,本书引入广义论证理论,实施一种基于主位视角的内部化研究。根据语境原则和本土化原则,广义论证理论主张采取论证研究的社会文化解释途径。区别于建立在言语行为和交际模型基础之上的西方论证理论,广义论证理论的社会化研究进路能够在变化的社会文化语境中识别并解释具有说理功能的规则与结构,进而实施一种更具有语境敏感性的功能分析。

　　基于广义论证的基本框架,本书采取的研究程序主要包括以下三个步骤。首先,考察赞德部落的社会与文化,着重解释巫术、神谕和魔法这三种超感知信仰如何渗透于阿赞德人的归因解释、日常行为和以司法审判为代表的制度性行为,并指出阿赞德人的神谕信仰是影响其说理可接受性的最重要因素。其次,根据神谕启示的说服功能,给出广义论证视角下的神谕论证定义,并从目标、语境和规范这三个方面描述作为"过程"的赞德说理活动。从主体间互动的角度出发,先将作为发起方的论证者目标划分为复仇型、索赔型和止损型。再根据神谕启示的说服效力,分别刻画审判、占卜和降神会这三种典型的场景化语境,兼含主体间说理和单主体说理(此为扩展的主体因素)。基于论证目标和论证语境,依次分析语篇行动序列的阶段性功能,进而归纳出各典型场景化语境下的禁忌规范和仪式规范,基于单个语篇行动的理解规范以及基于多个语篇行动的功能性组合方式(即论证策略)。最后,基于过程化的说理活动分析,提取出作为"结果"的赞德神谕论证模式,并给出六类论证模式的生效条件。

通过实施广义论证视角下数据驱动的论证识别与分析,本书基于民族志文献的田野调查结果,采取了一种不依赖于任何先在模型的描述性研究。区别于西方主流论证理论使用的理论驱动范式,本书既不预先假定抽象的理想模型(如分歧解决模型),也不采用现代西方社会的普遍合理性标准。根据目标、语境和社会规范来描述具有说理功能的行为步骤,其本质是自下而上地挖掘自然发生的语篇行动序列,而不是自上而下地证实符合标准模型的类型化言语行为。基于广义论证理论的神谕论证分析表明:从论证主体的内部视角看,阿赞德人仅关注"巫师"的语用涵义,而不考虑该语词的语义蕴涵,所以赞德逻辑与矛盾问题无关。从比较研究的外部视角看,由于阿赞德人在行为层面上的巫师判定并未导致不一致结果,且神谕论证的生效条件确保了借助不同判定途径而形成的巫师信念具有一致性,因而赞德逻辑是无矛盾的。

由此可见,赞德逻辑既不是西方逻辑的一个子类,也不是西方逻辑在现代化过程中的初阶版本。恰恰相反,阿赞德人在说理活动中使用的神谕论证具有如下特征。其一,从概念构成的角度看,赞德论证的概念不仅包括物理层面上的感知概念,而且包括以"巫术""神谕"为代表的非感知概念。其二,从论证者意图的角度看,赞德论证可以划分为六种类型,分别是基于司法审判、物质止损、认知归因、认知预测、行为决策以及(认知、行为复合的)多重型目标的论证。其三,从论证语境的角度看,赞德论证是在国王(或亲王)审判、平民占卜或巫医降神会这三种典型的场景化语境下使用的。其四,从论证规则的角度看,赞德论证受到仪式、禁忌、理解和功能等多种社会规范的约束。其五,从论证理由的角度看,具有不同说服效力的神谕启示不仅在消除主体间意见分歧、实现自我说服、促进行为决策等方面均能获得论证取效性,而且符合赞德社会群体所遵循的社会规范并能够承担相应的说理功能,因而也具有局部合理性。综上所述,神谕论证体现了显著的社会文化敏感性和语境敏感性,赞德逻辑也确乎是不同于西方逻辑的另一种特殊逻辑。

　　本书的写作意义或许也正在于此。当异于现代西方文明的"他文化"渐次消隐,当延续古希腊传统的现代西方逻辑蓬勃发展之时,关注一种位于主流边缘(甚至是主流之外)的其他群体,重现"他文化"群体的说理活动并探讨其特有的逻辑,这既是出于建立完整的文化视野、践行逻辑学研究新途径的自觉努力,也是笔者希望在学术道路上尝试扩展的研究方向。本书选择近一个世纪以前的非洲部落作为研究对象,力图呈现论证与逻辑的文化敏感性和多样性,并提醒自己不被现代西方逻辑学的理论框架限定,而要着眼其他社会文化群体的论证实践研究。虽然经过现代化的阿赞德人已不再使用彼时的神谕论证模式,但笔者仍然希望这个基于非西方语境的论证研究有助于完善逻辑谱系的一个细小片段。通过探究非西方社会群体论证实践的理论化途径,本书也希望能够借助广义论证视角下的功能分析来改进现有论证性语篇的识别方法。同时,笔者希冀基于实际的人类学调查,拓展论证实践的研究对象和适用语境,进而为多种论证模式的发现、描述、分析与评价提供理论基础。

参 考 文 献

［1］A. F. Snoeck Henkemans & J. H. M. Wagemans, "Reasonableness in Context: Taking into Account Institutional Conventions in the Pragma – Dialectical Evaluation of Argumentative Discourse", in *Reflections on Theoretical Issues in Argumentation Theory*, F. H. van Eemeren & B. Garssen (eds.), Switzerland: Springer Cham, 2015, pp. 217-226.

［2］A. Sitze, Treating life literally, *Law Critique*, Vol. 18 (2007), pp. 55-89.

［3］A. S. Rao & M. P. Georgeff, "A Model-Theoretic Approach to the Verification of Situated Reasoning System", in *Proceedings of the Thirteenth International Joint Conference on Artificial Intelligence-Volume* 1 (*IJCAI*-93), Chambery: Morgan Kaufmann Publishers Inc., 1993, pp. 318-324.

［4］A. W. Rawls, "Social Order as Moral Order", in *Handbook of the Sociology of Morality*, S. Hitlin & S. Vaisey (eds.), Berlin: Springer, 2010, pp. 95-121.

［5］B. Barnes, D. Bloor & J. Henry, *Scientific Knowledge: A Sociological Analysis*, Chicago: Chicago University Press, 1996.

［6］B. Barnes, *Scientific Knowledge and Sociological Theory*, London: Routledge, 1980.

［7］B. Latour, *Science in Action*, Cambridge, MA: Harvard University Press, 1987.

［8］B. Morris, *Anthropological Studies of Religion: An Introductory Text*, Cambridge: Cambridge University Press, 1987.

［9］B. Paltridge, *Discourse Analysis: An Introduction* (2nd edition), London: Continuum Publishing Corporation, 2012.

［10］B. Streumer, "Practical Reasoning", in *The Blackwell Companion to the Philosophy of Action*, T. O'Connor & C. Sandis (eds.), Hoboken & Oxford: Wiley – Blackwell, 2010, pp. 244-251.

［11］B. Wilson, *Rationality*, Oxford: Blackwell, 1970.

［12］C. Greiffenhagen & W. Sharrock, Logical Relativism: Logic, Grammar, and Arithmetic in Cultural Comparison, *Configurations*, Vol. 14, No. 3 (2006), pp. 275-301.

［13］C. G. Seligman & B. Z. Seligman, *Pagan Tribe of the Nilotic Sudan*, London: George Routledge & Sons, Led, 1932, pp. 495-539.

［14］C. Reining, *The Azande Acheme: An Anthropological Case Study of Economic Development in Africa*, Evanston, Illinois: North-Western University Press, 1966.

［15］C. Taylor, "Rationality", in *Rationality and Relativism*, Hollis & Lukes (eds.), Cambridge: MIT Press, 1982, pp.101-104.

［16］C. Wright, "Practical Reasoning", in *Reason and Nature: Essays in the Theory of*

Rationality, J. L. BermÚDez & A. Millar (eds.), Oxford: Oxford University Press, 2002, pp. 85-112 .

[17] D. Bloor, Anti - Latour, *Studies in History and Philosophy of Science*, Vol. 30, No. 1 (1999), pp. 81-112.

[18] D. Bloor, *Knowledge and Social Imagery*, London: The University of Chicago Press, 1991.

[19] D. Bloor, *Wittgenstein: A Social Theory of Knowledge*, London: The Macmillan, 1983.

[20] D. Bloor, *Wittgenstein, Rules and Institutions*, London: Routledge, 2002.

[21] D. E. Cooper, "Alternative Logic in 'Primitive Thought' ", *Man*, Vol. 10, No. 2 (1975), pp. 238-256.

[22] D. Gabbay & J. Woods, *Handbook of the History of Logic* (Vol 1), Amsterdam: Elsevier B.V., 2004.

[23] D. Hample, "Arguing Skill", in *Handbook of Communication and Social Interaction Skills*, J. O. Greene & B. R. Burleson (eds.), Mahwah, NJ: Lawrence Erlbaum, 2003, pp. 439-477.

[24] D. Hample, The Arguers, *Informal Logic*, Vol. 27, No. 2 (2007), pp. 163-178.

[25] D. Sperber & D. Wilson, *Relevance: Communication and Cognition*, Oxford & Cambridge: Blackwell, 1995.

[26] E. Blackwood, Culture and Women's Sexualities, *Journal of Social Issues*, Vol. 56, No. 2 (2000), pp. 273-284.

[27] E. C. W. Krabbe, "Dialogical Logic", in *Routledge Encyclopedia of Philosophy* 3, E. Graig (ed.), London and New York: Routledge, 1998, pp. 59-92.

[28] E. C. W. Krabbe, "Profiles of Dialogue as a Dialectical Tool", in *Advances in Pragma-Dialectic*, F. H. van Eemeren (ed.), Amsterdam: Sic Sat, 2002, pp. 153-167.

[29] E. E. Evans - Pritchard, *A History of Anthropological Thought*, New York: Basic Books, 1981.

[30] E. E. Evans-Pritchard, *Nuer Religion*, Oxford: Clarendon Press, 1956.

[31] E. E. Evans-Pritchard & S. Isaac, *Essays presented to C. G. Seligman*, Hungerford: Legare Street Press, 2022.

[32] E. E. Evans - Pritchard, *The Azande: History and Political Institutions*, Oxford: Clarendon Press, 1971.

[33] E. E. Evans - Pritchard, *Theories of Primitive Religion*, Oxford: Clarendon Press, 1965.

[34] E. E. Evans-Pritchard, The Origin of the Ruling Clan of the Azande, *Southwestern Journal of Anthropology*, Vol. 13, No. 4 (1957), pp. 322-343..

[35] E. E. Evans-Pritchard, "Oracle-Magic of the Azande", *Sudan Notes and Records*,

Vol. 11 (1928), pp. 1-53.

[36]E. E. Evans-Pritchard, *Witchcraft, Oracles and Magic among the Azande*, Oxford: Clarendon Press, 1937.

[37] E. Garver, Comments onRhetorical Analysis within a Pragma - Dialectical Framework, *Argumentation*, Vol. 14 (2000), pp. 307-314.

[38]E. Gillies, Zande, *The Encyclopedia of World Cultures* (CD - ROM), Macmillan, 1998.

[39]E. M. Barth & E. C. W. Krabbe, *From Axiom to Dialogue: A Philosophical Study of Logics and Argumentation*, Berlin: De Gruyter, 1982.

[40] E. Sosa, Boghossian's Fear of Knowledge, *Philosophical Studies*, Vol. 141 (2008), pp. 399-407.

[41]F. H. van Eemeren & A. F. Sn Henkemans, *Argumentation: Analysis and Evaluation* (2nd ed.), New York: Routledge, 2016.

[42]F. H. van Eemeren, B. Garssen & B. Meuffels, " Effectiveness through Reasonableness: A Pragma-Dialectical Perspective: Preliminary Steps to Pragma-Dialectical Effectiveness Research", In *Reasonableness and Effectiveness in Argumentative Discourse*, F. H. van Eemeren, B. Garssen & B. Meuffels (eds.), Switzerland: Springer Cham, 2015, pp. 782-793.

[43]F. H. van Eemeren, B. Garssen , E. C. W. Krabbe , A. F. Snoeck Henkemans , B. Verheij & J. H. M. Wagemans, *Handbook of Argumentation Theory*, Dordrecht: Springer, 2014.

[44]F. H. van Eemeren, "Bingo!", in *Reflections on Theoretical Issues in Argumentation Theory*, F. H. van Eemeren & B. Garssen (eds.), Switzerland: Springer Cham, 2015, pp. 3-25.

[45]F. H. van Eemeren & C. Andone, "Argumentation and Communicative Practices", in *Verbal Communication*, A. Rocci, & L. de Saussure (eds.), Berlin/Boston: Walter de Gruyter, 2016, pp. 245-268.

[46]F. H. van Eemeren, " From Ideal Model of Critical Discussion to Situated Argumentative Discourse: The Step-by-Step Development of the Pragma-Dialectical Theory of Argumentation", in *Reasonableness and Effectiveness in Argumentative Discourse*, F. H. van Eemeren, B. Garssen & B. Meuffels (eds.), Switzerland: Springer Cham, 2015, pp. 137-142.

[47]F. H. van Eemeren, Identifying Argumentative Patterns: A Vital Step in the Development of Pragma-Dialectics, *Argumentation*, Vol. 30, No. 1 (2016), pp. 1-23.

[48]F. H. van Eemeren, R. Grootendorst & A. F. Snoeck Henkemans, *Argumentation: Analysis, Evaluation, Presentation*, Mahwah, NJ: Lawrence Erlbaum Associates, 2002.

[49]F. H. van Eemeren, R. Grootendorst & A. F. Snoeck Henkemans, *Fundamentals of*

Argumentation Theory: A Handbook of Historical Backgrounds and Contemporary Developments, Mahwah, NJ.: Lawrence Erlbaum Associates, 1996.

[50] F. H. van Eemeren & R. Grootendorst, *Argumentation, Communication, and Fallacies: A Pragma-Dialectical Perspective*, Hillsdale, N.J.: Lawrence Erlbaum, 1992.

[51] F. H. van Eemeren & R. Grootendorst, *A Systematic Theory of Argumentation: The Pragma-Dialectical Approach*, Cambridge: Cambridge University Press, 2004.

[52] F. H. van Eemeren & R. Grootendorst, *Speech Acts in Argumentative Discussions*, Dordrecht: Foris, 1984.

[53] F. H. van Eemeren, S. Jackson & S. Jacobs, "Argumentation", in *Discourse Studies: A Multidiciplinary Introduction* (2nd ed.), T. A. van Dijk (ed.), Los Angeles, CA: Sage, 2011, pp. 91-96.

[54] F. H. van Eemeren, *Strategic Maneuvering in Argumentative Discourse*, Amsterdam: John Benjamins Publishing Company, 2010.

[55] G. Schweinfurth, *The Heart of Africa*, Montana: Kessinger Publishing, 2011.

[56] G. Senft, J. Östman & J. Verschueren, *Culture and language Use*, Amsterdam: John Benjamins Publishing Company, 2009.

[57] G. Wagner, Witchcraft among the Azande, *Journal of the Royal African Society*, Vol. 36, No. 145 (1937), pp. 469-476.

[58] H. Chisholm, *Encyclopædia Britannica* (11th ed.), Cambridge: Cambridge University Press, 1911.

[59] H. Garfinkel, *Studies in Ethnomethodology*, Malden, MA: Polity Press/Paradigm Publishers, 1984 (Original work published 1967).

[60] H. Peters – Golden, *Culture Sketches: Case Studies in Anthropology*, New York: McGraw Hill Higher Education, 2011.

[61] H. Reynolds, Notes on the Azande Tribe of the Congo, *Journal of the Royal African Society*, Vol. 3, No.11 (1904), pp. 238-246.

[62] H. Sankey, Witchcraft, Relativism and the Problem of the Criterion, *Erkenn*, Vol. 72 (2010), pp. 1-16.

[63] I. Lakatos, "Falsification and the Methodology of Scientific Research Programs", in *Criticism and the Growth of Knowledge*, I. Lakatos & A. Musgrave (eds.), 1970, pp. 91-196.

[64] J. Broome, "Practical Reasoning", in *Reason and Nature: Essays in the Theory of Rationality*, J. Bermudez & A. Millar (eds.), Oxford: Oxford University Press, 2002.

[65] J. E. T. Philipps, Observations on Some Aspects of Religion among the Azande ("Niam-Niam") of Equatorial Africa, *The Journal of the Royal Anthropological Institute of Great Britain and Ireland*, Vol. 56 (1926), pp. 171-187.

[66] J. H. M. Wagemans, Argumentative Patterns for Justifying Scientific Explanations, *Argumentation*, Vol. 30, No. 1 (2016), pp. 97-108.

[67]J. M. Beierle, *Society-Azande*, 1986, http://lucy.ukc.ac.uk/ethnoatlas/hmar/cult_dir/culture.7829.

[68]J. Middleton & E. H. Winter, *Witchcraft and Sorcery in East Africa*, New York: Praeger, 1963.

[69]J. R. Searle, " A Taxonomy of Illocutionary Acts ", in *Language*, *Mind and Knowledge*, K. Gunderson (ed.), Minneapolis: University of Minnesota Press, 1975, pp. 344-369.

[70]J. R. Searle, "Indirect Speech Acts", in *Syntax and Semantics III: Speech Acts*, P. Cole & J. L. Morgan (eds.), London: Academic Press, 1975, pp. 59-82.

[71]J. R. Searle, *Speech Acts: An Essay in the Philosophy of Language*, Cambridge: Cambridge University Press, 1969.

[72]J. R. Searle, "What is a Speech Act", Reprinted in J.R. Searle (ed.) (1971), *The Philosophy of Language*, Oxford: Oxford University Press, 1965, pp. 39-53.

[73]Ju Shi'er, The Cultural Relativity of Logic: From the Viewpoint of Ethnography and Historiography, *Social Science in China*, Vol. 31, No. 4 (2010), pp.73-89.

[74]J. W. Burton, Answers and Questions: Evans-Pritchard on Nuer Religion, *Journal of Religion in Africa*, Vol. 14, No. 3 (1983), pp. 167-186.

[75]J. W. Wenzel, "Perspectives on Argument", in *Readings in Argumentation*, W. L. Benoit, D. Hample & P. .J. Benoit (eds.), Berlin: Foris, 1992, pp. 121-144.

[76]J. W. Wenzel, "Toward a Normative Theory of Argumentation: Van Eemeren and Grootendorst's Code of Conduct for Rational Discussions", in *Argumentation and Social Practice: Proceedings of the fourth SCA/AFA Conference on Argumentation*, J. R. Cox, M. O. Sillars & G. B. Walker (eds.), Annandale, Va: Speech Communication Association, 1985, pp. 139-153.

[77]K. Liberman, *Dialectical Practice in Tibetan Philosophical Culture*, Lanham, MD: Rowman & Littlefield Publishers, 2004.

[78]K. Schilbrack, Rationality, Relativism, and Religion: A Reinterpretation of Peter Winch, *Sophia*, Vol.48 (2009), pp. 399-412.

[79]L. Keita, " Jennings and Zande Logic: A Note ", *The British Journal for the Philosophy of Science*, Vol. 44, No. 1 (1993), pp. 151-156.

[80]L. Levy-Bruhl, *Primitive Mentality*, London: George Allen & Unwin Led, 1923.

[81]L. Wittgenstein, *Philosophical Investigations*, Oxford: Basil Blackwell, 1953.

[82]M. A. van Rees, The Diagnostic Power of the Stages of Critical Discussion in the Analysis and Evaluation of Problem - Solving Discussions, *Argumentation*, Vol. 15, No. 4 (2001), pp. 457-470.

[83]M. B. Scott & S. M. Lyman, Accounts, *American Sociological Review*, Vol. 33, No. 1 (1968), pp. 46-62.

[84] M. Douglas, *Evans-Pritchard*, London: Routledge, 2002.

[85] M. Douglas, "Introduction: Thirty Years after Witchcraft, Oracles, and Magic", in *Witchcraft Confessions and Accusations*, M. Douglas (ed.), London: Routledge, 2004, pp. xiii-2.

[86] M. Douglas, Techniques of Sorcery Control in Central Africa, in *Witchcraft and Sorcery in East Africa*, J. Middleton & E. H. Winter (eds.), New York: Praeger, 1963, pp. 123-142.

[87] M. J. Coughlan, Zande Witchcraft, *Sophia*, Vol. 24, No. 3 (1985), pp. 4-15.

[88] N. C. A. Da Costa, J. Y. Béziau & O. Bueno, Aspects of Paraconsistent Logic, *Bullentin of the Interest Group in Pure and Applied Logics*, Vol. 3, No. 4 (1995), pp. 597-614.

[89] N. C. A. Da Costa, O. Bueno & S. French, "Is there a Zande Logic?", *History and Philosophy of Logic*, Vol. 19, No 1 (1998), pp. 41-54.

[90] N. C. A. Da Costa, On the Theory of Inconsistent Formal Systems, *Notre Dame Journal of Formal Logic*, Vol. 15, No. 4 (1974), pp. 497-510.

[91] N. C. A. Da Costa & S. French, Partial Structures and the Logic of the Azande, *American Philosophical Quarterly*, Vol. 32, No. 4 (1995), pp. 325-339.

[92] O. Bueno & N. C. A. Da Costa, Quasi – truth, Paraconsistency, and the Foundations of Science, *Synthese*, Vol. 154, No. 3 (2007), pp. 383-399.

[93] P. Baxter & A. Butt, *The Azande, and Related Peoples of the Anglo-Egyptian Sudan and Belgian Congo*, London: International African Institute, 1953.

[94] P. Grice, "Logic and Conversation", in *Syntax and Semantics III: Speech Acts*, P. Cole & J.L. Morgan (eds.), London: Academic Press, 1975, pp. 41-58.

[95] P. Grice, *Studies in the Ways of Words*, Gambridge, Massachusetts: Harvard University Press, 1991.

[96] P. Winch, "Language, Belief and Relativism", in *Contemporary British Philosophy* (Fourth Series), H. D. Lewis (ed.), London: George Allen & Unwin, 1976, pp. 322-337.

[97] P. Winch, *The Idea of a Social Science*, London: Routledge & Kegan Paul, 1958.

[98] P. Winch, "Understanding a Primitive Society", *American Philosophical Quarterly*, Vol. I, No. 4 (1964), pp. 307-324.

[99] R. Boudon & R. Viale, "Subjective Rationality and Cultural Diversity", in *Methodological Cognitivism*, R. Viale (ed.), Berlin, Heidelberg: Springer-Verlag, 2012, pp. 253-266.

[100] R. C. Jennings, Zande Logic and Western Logic, *The British Journal for the Philosophy of Science*, Vol. 40, No. 2 (1989), pp. 275-285.

[101] R. H. Johnson, *Manifest Rationality*, Mahwah, NJ: Lawrence Erlbaum, 2000.

[102] S. C. Levinson, *Presumptive Meanings*, Cambridge: MIT Press, 2000.

［103］S. D'hondt, J. O. Östman & J. Verschueren, *The Pragmatics of Interaction*, Amsterdam: John Benjamins Publishing Company, 2009.

［104］S. Jackson & S. Jacobs, Generalizing about Messages: Suggestions for Design and Analysis of Experiments, *Human Communication Research*, Vol. 9, No. 2 (1983), pp. 169-181.

［105］S. Jackson & S. Jacobs, Structure of Conversational Argument: Pragmatic Bases for the Enthymeme, *Quarterly Journal of Speech*, Vol. 66, No. 3 (1980), pp. 251-265.

［106］S. Jacobs, An Application of Normative Pragmatics, *Informal Logic*, Vol. 36, No. 2 (2016), pp. 159-191.

［107］S. Jacobs, Rhetoric and Dialectic from the Standpoint of Normative Pragmatics, *Argumentation*, Vol. 14, No. 3 (2000), pp. 263-274.

［108］S. Jacobs & S. Jackson, "Building a Model of Conversational Argument", in *Rethinking Communication*, B. Dervin, L. Grossberg, B. J. O'Keefe & E. Wartella (eds.), Newbury Park, CA: Sage, 1989, pp. 151-167.

［109］S. Jacobs & S. Jackson, "Conversational Argument: A Discourse Analytic Approach", in *Advances in Argumentation Theory and Research*, J. R. Cox & C. A. Willard (eds.), Carbondale & Edwardsville: Southern Illinois University Press, 1982, pp. 205-237.

［110］S. Ju, Z. Chen & Y. He, Political Argumentation by Reciting Poems in the Spring and Autumn Period of Ancient China, *Argumentation*, Vol. 35, No. 4(2021), pp. 9-33.

［111］S. Luke, Different Culture, Different Rationalities?, *History of the Human Sciences*, Vol. 13, No. 1 (2000), pp. 3-18.

［112］S. Turner, Teaching Subtlety of Thought: The Lessons of "Contextualism", *Argumentation*, Vol. 15, No. 1 (2001), pp. 77-95.

［113］T. Govier, Critical Review, *Informal Logic*, Vol. 20, No.3 (2000), pp. 281-291.

［114］T. Triplett, "Azande Logic versus Western Logic?", *The British Journal for the Philosophy of Science*, Vol. 39, No. 3 (1988), pp. 361-366.

［115］T. Triplett, Is There Anthropological Evidence that Logic is Culturally Relative?: Remarks on Blorer, Jennings, and Evans-Pritchard, *British Journal for the Philosophy of Science*, Vol. 45, No. 2 (1994), pp. 749-760.

［116］W. W. Sharrock & R. J. Anderson, Magic Witchcraft and the Materialist Mentality, *Human Studies*, Vol. 8, No. 4 (1985), pp. 357-375.

［117］B.巴恩斯、D. 布鲁尔:《相对主义、理性主义和知识社会学》,鲁旭东译,《哲学译丛》2000 年第 1 期。

［118］D. Sperber & D. Wilson:《Relevance: Communication and Cognition》,外语教学与研究出版社 2001 年版。

［119］陈彦瑾:《试析论证研究中语境及社会性因素的介入——从语用论辩术的理论视角看》,《逻辑学研究》2012 年第 4 期。

[120]邓晓芒:《苏格拉底与孔子言说方式的比较》,《开放时代》2000 年第 3 期。

[121][法]爱弥尔·涂尔干:《宗教生活的基本形式》,渠东、汲喆译,上海人民出版社 2006 年版。

[122][法]克劳德·列维-斯特劳斯:《结构人类学》,陆晓禾、黄锡光等译,文化艺术出版社 1989 年版。

[123][法]列维·布留尔:《原始思维》,丁由译,商务印书馆 2007 年版。

[124][法]列维-斯特劳斯:《野性的思维》,李幼蒸译,商务印书馆 1997 年版。

[125][法]马塞尔·莫斯:《巫术的一般理论》,杨渝东、梁永佳、赵丙祥译,广西师范大学出版社 2007 年版。

[126][法]R. 贝尔:《论非洲哲学中的叙述方面》,刘利圭译,《哲学译丛》1990 年第 4 期。

[127]鞠实儿、贝智恩:《论地方性知识及其局部合理性》,《科学技术哲学研究》2020 年第 2 期。

[128]鞠实儿等:《论证挖掘与论证形式化》,科学出版社 2022 年版。

[129]鞠实儿、何杨:《基于广义论证的中国古代逻辑研究——以春秋赋诗论证为例》,《哲学研究》2014 年第 1 期。

[130]鞠实儿:《广义论证的理论与方法》,《逻辑学研究》2020 年第 1 期。

[131]鞠实儿:《广义论证理论在传播学中的应用》,《湖北大学学报(哲学社会科学版)》2023 年第 4 期。

[132]鞠实儿:《论逻辑的文化相对性——从民族志和历史学的观点看》,《中国社会科学》2010 年第 1 期。

[133]鞠实儿:《逻辑学的问题与未来》,《中国社会科学》2006 年第 6 期。

[134]刘琪:《何为人类学的宗教研究?——埃文斯·普理查德宗教人类学著作述评》,《西北民族研究》2000 年第 3 期。

[135]邱慧:《非理性还是不同的合理性——阿赞德人的案例》,《自然辩证法研究》2004 年第 5 期。

[136]王建新:《宗教民族志的视角、理论范式和方法——现代人类学研究诠释》,《广西民族大学学报》2007 年第 2 期。

[137]谢耘:《作为程序与属性的论辩术——析当代论证理论中"论辩术"视角的差异解读》,《逻辑学研究》2010 年第 4 期。

[138][英]道格拉斯:《原始心灵的知音:伊凡普理查》,蒋斌译,允晨文化实业股份有限公司 1982 年版。

[139][英]E. E. 埃文斯—普理查德:《原始宗教理论》,孙尚扬译,商务印书馆 2001 年版。

[140][英]E. E. 埃文思-普理查德:《阿赞德人的巫术、神谕和魔法》,覃俐俐译,商务印书馆 2010 年版。

[141][英]菲奥纳·鲍伊:《宗教人类学导论》,金泽、何其敏译,中国人民大学出版

社 2004 年版。

　　[142][英]马林诺夫斯基:《巫术科学宗教与神话》,李安宅译,上海文艺出版社
1987 年版。

　　[143][英]泰勒:《原始文化:神话、哲学、宗教、语言、艺术和习俗发展之研究》,连
树声译,上海文艺出版社 1992 年版。

　　[144][英]詹姆斯·弗雷泽:《金枝:巫术与宗教之研究》,徐育新、汪培基、张泽石
译,大众文艺出版社 1998 年版。

　　[145]曾昭式:《中国现代文化视野中的逻辑思潮》,科学出版社 2009 年版。

　　[146]张东荪:《知识与文化》,商务印书馆 1946 年版。

　　[147]赵艺、熊明辉:《语用论辩学派的论证评价理论探析》,《自然辩证法通讯》
2007 年第 4 期。

　　[148]中国社会科学院语言研究所词典编辑室:《现代汉语词典》,商务印书馆 1998
年版。